ありがとう、「反日国家」韓国

文在寅は
日本にとって
〝最高の大統領〟
である！

著者
八幡和郎
歴史家・国際問題評論家

はじめに

～日韓基本条約を廃棄したらどうなる

安倍晋三首相は韓国との関係について、文在寅《ムンジェイン》大統領に不退転の決意で対処するつもりのようです。本年（２０１９年）６月に大阪で開催された「Ｇ20（ジートゥエンティ）首脳会議」では、歓迎式入口と迎賓館における晩さん会で二度の握手こそ交わしましたが、挨拶はひとことのみで「８秒だけ」と囁《ささや》かれました。

この背景にはふたつの理由があります。

まず、最初の理由について述べましょう。

安倍首相は朴槿恵《パククネ》前大統領の〝告げ口外交〟という前代未聞の恥さらしな蛮行《ばんこう》にもかかわらず、２０１５年に「慰安婦合意」という妥協をしました。当時のバラク・オバマ大統領の要請を容《い》れるということでもありました。ただし、**これは『最終的かつ不可逆的』なものであるという条件でした**。もし、この条件でまとまらなかったら、もう二度と韓国とはまっとうな約束はできないという意味です。

しかし、**文在寅大統領は「前の大統領が決めたことだから」と誠実な対応を拒否しました**。

そして今度は、徴用工問題について韓国の大法院が日韓基本条約を破る判決を出したら、「司法のことだから仕方ない」というスタンスです。

この許されざる愚行に対して、もう一歩も譲らないという姿勢を崩したら、安倍首相は立場がありませんし、日本国民も韓国とは話し合いも約束も無意味だということを肝に銘じて今後のお付き合いをしていくしかないのです。

ここは正念場であって安直に手を差し伸べるべきでありません。

というのは、韓国の一連の挑発行為は、**日韓国交回復に際して1965年に結ばれた基本条約や請求権協定を実質的に否定し、反故《ほご》にするものだからです**。

これがふたつめの理由です。

この日韓基本条約に関して、「あの当時の韓国は貧しかったから、それに乗じて日本に不利な条件を呑まされた」などと言う韓国人もいますし、それにまた理解を示す愚かな日本人がいます。

実際には、**あの時に仕方なく妥協したのはむしろ日本のほうです**。しなくてもよい妥協をして、韓国側に大甘の条件を認めています。

例えば、日本は韓国に対して、現在の貨幣価値で何十兆円もの投資をして、素晴らしい交通インフラや学校、産業設備を残しました。日本の個人や企業が向こうに残した財産や請求権も膨大なものとなります。

また、日本人は半島から追い返された一方、韓国人は日本政府からの退去要求にもかかわらず日本に居座り、それどころか終戦後は済州島《チェジュとう》などから膨大な密航者が流入していましたから、これだけを見ても韓国に有利かつ一方的な条約だったと言えるでしょう。

国際的な常識に従えば、失ったものが多い日本のほうが支払いを受けるべき立場ですし、向こうが日本人を追放したなら、こちらも追放できるのが当たり前です。

しかし、日本はひたすらに大甘でした。

日本からの請求権を放棄してしまった上に、必要性もない経済協力まで行いました。さらに、とりあえず二世まではいえ特別永住権も認めたのです。

本書は、そんな歴史の真実を知っていただくのが目的で、特に第六章ではすっかり忘れられてしまっている日韓交渉をめぐる経緯を終戦にさかのぼって掘り返しています。

ただ、なかなか、専門的な内容ですから、その前に、最近の動向を含めて理解していただいたほうがいいだろうと判断し、あえて本書の末尾に置いていますが、この部分が一番読んでいただきたい部分なのです。

韓国は岸信介元首相の恩義を忘れるな

実は、外務省の反対を押し切ってまでこうした大甘の親韓的な方向に舵を切ったのは安部首相の祖父の岸信介《きしのぶすけ》首相（当時）であり、最後に交渉をまとめたのは、岸の一番の子分だった椎名悦三郎《えつさぶろう》外相でした。

この背景としては、岸首相が古代・中世から半島と特別に深い結びつきのある長州人であるがゆえの特別の思いがあったこと。そして、「アジアの平和と繁栄のために尽くしたい」という若い頃からの念願を、戦前とは違う形ながらも果たしたいという気持ちがあったかと思います。朝鮮戦争で人口の約2割が失われ、膨大な離散家族が出たことに対する心からの同情もありました。

さらに、「日米安保体制を確固なものとするためにも、韓国と早く国交を樹立してくれ」というアメリカからの強い要請があり、「韓国の要求が理不尽でわがままであっても聞いてやるしかない」という配慮もあったでしょう。

いずれにせよ、日韓基本条約や請求権協定での韓国に対する大盤振る舞いについて、韓国は岸信介元首相に対して、中国が田中角栄元首相に感謝するのと同等以上の感謝をすべきだし、孫である安倍首相にもう少し敬意を払ったらどうかと思います。

くわえて、山口県など西日本の漁民が〝李承晩《イスンマン》ライン〟で拿捕《だほ》され、さらに刑期を終えても釈放されず、人質を取られたままの交渉だったということも、日本に不利な条約の締結を受け入れた原因でしょう。

許されざる蛮行であり、この交渉は拉致《らち》被害者を人質に取られての日朝交渉に匹敵します。この点も第六章で詳しく解説しています。

〝李承晩ライン〟とは、1952年1月に李承晩韓国大統領（当時）が「海洋主権宣言」を行って、いわゆる「李承晩ライン」を国際法に反して一方的に設定し、同ラインの内側の広大な水域への漁業管轄権を一方的に主張するもので、そのライン内に竹島を取り込みました。韓国はこの勝手に設けた境界線に基づき、日韓基本条約が結ばれるまでの13年の間に、日本の漁船233隻を拿捕、2791人の漁師を拘束（外務省答弁）しました

日韓基本条約の大盤振る舞いは、そういう背景で心ならずも日本人は受け入れたのです。戦争直後からの交渉経緯と、世論の動向をみれば、明らかなことです。

日本でも政府、野党・社会党、そして朝日新聞まで含めて弱腰を追及されていました。これも第六章で詳細を書きますが、そもそも、ポツダム宣言を受諾したことが、韓国の即時の独立、在韓日本人の強制帰国、そして財産没収にまでつながるなどと日本側では考えていませんでした。

フィリピンのアメリカ人、インドの英国人、ジャワのオランダ人、セネガルのフランス人だってそんな理不尽な目に遭っていません。

逆に日本人が韓国から追放されたのなら、在日の韓国人も日本から帰国するのが当然の理《ことわり》でしょう。少なくとも、普通の外国人として扱われる、つまり、生活保護などの優遇は受けられない、罪を犯せば国外に追放される、外国人に認められていないことはできない、帰国する時に無制限に財産を持ち出せないという対応は必然だったはずです。

日韓条約を卓袱台返しなら、日本財産返還要求や特別永住制度廃止も

ですから、もし、韓国側が日韓条約を基本から引っくり返そうというのなら大いに結構です。まず、理不尽に放棄させた日本人の財産を回復させてもらいたいものです。

また、戦前から日本におられる特別永住者に関しても、日本の国内法で三世以降も認めていますが、日韓条約上の約束では「二世まで」となっていますから、法律改正でいかようにもできます。もちろん、**日韓基本条約が解消されるなら一世や二世の人々の権利も根拠を失います**。

北朝鮮に対しても、韓国に行った経済協力相当のことをする約束になっていますが、韓国の卓袱台返しでチャラになれば、同じように北朝鮮には経済協力をする必要もなくなり、鴨緑江《おうりょっこう》のダム（日本統治下の1944年に「水豊《すいほう》ダム」として竣工《しゅんこう》）なども買い取ってもらいたいものです。

また、「親日狩り」とか、「日帝残滓《ざんし》の排除」がそんなにしたいのなら、日本人が普及させたという理由でハングルもおやめになったらどうでしょうか。朝鮮の伝統文化の価値を見出し、文化財を復興したのも日本人なのですから。

文在寅大統領が、「経済協力の金は利子を付けて返す、日本人財産の補償もする、在日韓国人も引き取る」とおっしゃるなら、何もお断りする理由はありません。

もちろん、右記のような事態を私は望んでいるわけではありません。しかし、日韓基本条約体制を否定するというのはそういうことだと、まずは日本人が理論武装することが必要となります。

日韓条約が破棄されたらどういうことが起こるのか、それを国民的な共通認識としないと、韓国との歴史戦争にも外交戦争にも負けるということはたしかです。

つまり、**日韓外交史を正しく理解した上で、「やれるものならやってみろ」と構えているのがいいのです。**本書を通して、揺るぎのない日本の立場を正確にご理解していただきたいと思います。

一般的に、韓国人は自分に都合よく物事を受け取る傾向があるようなので、遠回しの苦言は効果がありません。

日本はこれまで遠慮がちな対応をしたがために韓国を図に乗らせてきました。しかし、安倍晋三政権のわかりやすく厳しい態度で、ようやく目が覚めつつあるようです。これは日本にとっては非常にいい傾向であって、本書のタイトルに「ありがとう」を使った意図もまさにそこにあります。そしてなぜ「日本にとって文在寅が〝最高の大統領〟である」のかもご理解いただけることでしょう。

ありがとう、「反日国家」韓国

文在寅は日本にとって〝最高の大統領〟である！

目次

第四章 なぜ韓国に媚びたい日本人がいるのか……125

第五章 1時間で読める日韓関係の2000年

第一章

文在寅大統領には感謝したい

文在寅は実は日本にとって〝最高の大統領〟である

「文在寅大統領は素晴らしい！」

こんなことを言ったら、「どうしたの。正気か？」と言われそうですが、私は本気でそう思っています。

まず、韓国内において、もし日本の立憲民主党の主張するような衆愚政策を経済で行ったらどうなるかの実演をして、その失敗例を私たち日本人に教えてくれています。

何の見通しも展望もなく最低賃金を上げたり、優良企業をいじめて経営者を片っ端から逮捕したりするなど、本当に見上げたものです。聞こえのよい政策をエサにした毛針《けばり》に、日本人が引っかからないように警告してくれているかのようです。

文在寅政権は、日本経済にとってこれまでになく好ましい存在になっています。日本はこれまで、韓国の低賃金や低い税率に悩まされてきて、それに対抗するために新自由主義的な経済政策を強いられてきました。その結果、社会格差の拡大が不可避だったのです。

そこで私は、社民党の福島瑞穂《みずほ》さんあたりに韓国へ行ってもらって、「韓国の低賃金と低税率は日韓人民共同の敵」とでもアジってきてほしいとかねがね提案してきました。ところが、福島さんが運動をするまでもなく、文在寅大統領のおかげで日本には迷惑だった経済政策は終わるようなので、日本国民としては、皮肉でなく歓迎したいと思います。

私個人としては、世界的な富の偏在には強く反対する立場です。ただ、国内経済政策を考えた場合、日本の周囲の国で新自由主義的な政策を採られると、それに対抗するためには追随せざるを得ないとも考えています。

そうした意味で、李明博《イミョンバク》や朴槿恵など韓国の歴代大統領が行ってきた金持ちや大企業優遇が是正されるとしたら、大いに結構なことだと心から思います。また、優秀な外国人については、李明博政権下において、元の国籍を放棄しなくても韓国籍を認めることにしましたが、こうしたバカげた政策も放棄されるかもしれないと期待しています。

文在寅政権は、前政権関係者や野党政治家には嫌がらせの限りを尽くすし、官僚人事も政治運用をするなど、まさに恐怖政治そのものです。マスコミとも対立していますから、「菅義偉《すがよしひで》官房長官が霞が関で恐怖政治をしている」などと東京新聞の望月衣塑子《いそこ》さんが言ってもまるで説得力がありません。

2019年に発表された『報道の自由度ランキング』では、韓国のほうが上（韓国41位、日本67位）だということですが、「韓国の報道が日本より自由」だなんて評価しているランキングなど偽リベラルの極左以外は誰も信じません。

韓国においては歴史教科書の書き換えもひどいもので、日本の保守派が偏向教科書をやり玉に挙げても、「韓国と比べてどうだ」と言われると何も反論できないことでしょう。

北朝鮮との関係においても、ひたすら融和策に徹しているのに、文氏は米朝両国から「仲介者でもないのに余計なことを言うな」と喝破《かっぱ》され、米朝首脳会談では場所だけ貸して会場から追い出される始末です。

北朝鮮問題で「日本は置いてきぼりじゃないか」と言いたい人も、文在寅の置かれた立場を見ると、安倍政権のほうがよっぽどましだとわかるはずです。

ついには、２０１９年８月にフランスで開かれた「Ｇ７」（ジーセブン／先進７カ国首脳会議）では、ドナルド・トランプ大統領が「『文在寅は信用できない』と金正恩が言っていた」と暴露話まで飛び出したほどです。

中国との関係を見ても、北京には尽くせば尽くすほどバカにされるだけの実例を示してくれています。北京を公式訪問した際も、中国側の宴席の数が少なく、韓国からの同行者とだけの〝ぼっちメシ〟も話題になったほどです。さすがにこれは、安倍晋三首相とは違って国家元首なのだから、気の毒ではありましたが。

文在寅に対しては、在日韓国人も文句たらたらです。大阪で行われた先のG20前夜には民団との懇親会に出ていましたが、民団側の文句は日本政府ではなく韓国政府に向かってのものばかりでした。

文在寅は韓国の枝野幸男？　その共通点と違いを分析する

ある長老政治家から、「文在寅とは、日本の政治家でいえば誰に似ているのか？」と聞かれたことがあります。私は、「枝野幸男氏をもう少し善良だが間抜けにしたようなものでしょう」と答えておきました。

枝野氏はもともと弁護士で官房長官を経験し、文在寅も弁護士で大統領首席補佐官を務めるという経歴も共通点があります。ふたりとも難関の司法試験を通っているのですから知的レベルがそこそこ高いことは間違いありません。

ただ、枝野氏は第一志望の早稲田大学を不合格になって東北大学に、文在寅はソウル大学を落ちて一浪ののち奨学資金制度がしっかりしていた慶熙《キョンヒ》大学という私学に進みました。

ともに秀才には違いないですが、ちょっとした挫折の経験者でもありました。

政治家になった経緯はどうでしょうか。枝野氏は早くから政治家を志望し、29歳で初当選しています。文氏は、もともとは裁判官志望でしたが、民主化運動で逮捕されるなどの経歴から任官されず、弁護士になります。そして、法律事務所のボスであった盧武鉉《ノムヒョン》がのちに大統領になると、盧に請われて政権を支えます。下野後に盧武鉉、金大中《キムデジュン》が相次いで死去すると、そこから政界入りしましたから、この点は大きく違います。

経済政策については、枝野氏は「強い者をより強くし、『いずれあなたのところにしたたり落ちる』という上からの経済政策ではなく、暮らしを押し上げて経済を良くする」などと言っていますが、これはまさに文在寅が具体化したものの、失敗に終わりそうな経済政策そのものです。

政治行動はどうでしょうか。枝野氏の政界遊泳の上手さが際立つのに対して、文在寅はある意味で武骨で不器用と言えるでしょう。それが、「文在寅は枝野幸男をもう少し善良だが間抜けにしたような人物だ」と映ったゆえんです。

文在寅は、金大中や盧武鉉のようなカリスマでなく、綺麗な言葉のイメージで正義漢ぶりを印象付けようしています。そのために、本人の魅力で大衆を引っ張っていくというより、自分が基礎を置く政治勢力を大事にしている印象があります。

そういう意味でも、5年間の大統領任期をいかに乗り切るかという以上に、任期後の1期、2期で政権が保守に戻った時に――歴代大統領は悲惨な末路をたどっていますが――反撃されないように、万全の体制を取ることを狙っているのでしょう。そのため、自分の後継者として曹国《チョグク》氏を育ててきたのです。

曹氏は次々と疑惑が出てくる〝たまねぎ男〟として話題の渦中にありましたが、今年の9月に入って法相に強行任命されました。人の意見に耳を貸さない文在寅の強硬な姿勢ばかりが印象付けられた出来事と言えるでしょう。

曹法相については、文在寅の目に狂いがあったと思います。育ちが良く、学者であり、長身でハンサムな姿に、苦労人の文在寅は魅了されたのでしょう。豊臣秀吉が石田三成を重用したような感覚です。クリーンにも見えたのでしょう。しかし、実は汚い財テクを家族ぐるみで罪悪感もなく平気でやっていました。また、学者同士で自分の子弟を互いにインターンにして実績づくりをして、AO《エーオー》入試（学力試験を課さず、高校の成績や面接などの人物評価で入学の可否を判断）の点を上げていました。そのため、世論から「ネロナムブル」と批判されています。「私がすればロマンス、他人がすれば不倫」のハングル表記の頭文字をつないだおしゃれな造語です。つまり二重基準だという皮肉です。

文在寅が恐れる保守勢力への政権交代

ここ20年ほど、韓国では金大中、盧武鉉、李明博、朴槿恵と、「革新」と「保守」で2期ずつ政権を担ってきました。ですから、2期10年くらいだと、保守勢力が息を吹き返すという危惧が文在寅らにはあります。

文在寅政権の与党「共に民主党」のイ・ヘチャン代表は、「10年政権を保ったところでその成果を崩すのは3～4年しかかからない」、「保守政権になったら南北交流事業や福祉政策も後退した」、「革新派の成果を守るために20年政権を目指したい」と言いました。

そのため文在寅政権は、政界はもちろん、官界、司法界、マスコミなどで保守派を根こそぎ粛清して追放しようとしているように見えます。マスコミに対しては労働組合を強化して事実上の乗っ取りに近いことをしていますし、外交部などでは日本関係の部署が縮小されて仕事がなくなりつつあります。

日本でも、かつての民主党政権時代には、大臣・副大臣・政務官が「政治主導」といって、役人を排除して素人考えで細かいことにまで口出ししていましたが、文在寅政権ではそれに輪をかけてひどい状態になっています。従来は順当な序列に従った人事が行われていたのに、お気に入りの人間をいきなり何段階も特進させたり、外部から素人を持ってきて充てたりしているのです。例えば、徴用工判決を出した金命洙《キムミョンス》・大法院長官。革新系判事が集まる「我が法研究会」会長で、春川地方法院法院長だった２０１７年に、大法院の判事の経験もないまま長官に大抜擢されました。

文在寅が好む言葉に「積弊《せきへい》の清算」という言葉があります。「過去の間違った弊害は大胆に清算していくべきだ」という意味で、一見すると正しそうに思えますが、それが人事の習慣だけではなく、他国との条約や契約など、すべての積み重ねを破壊する理由に使われてしまっているのはとんでもなく大きな問題です。

もちろん、韓国が日韓基本条約の見直しを提案するのは可能です。日本だってサンフランシスコ講和条約の見直しを締約国に提案して、失った領土の回復を交渉するのは自由であるのと同じことです。

しかし、**条約の見直しは関係国が同意した時にだけ成立するものです**。もし、韓国が日韓条約の見直しを提案するなら、一方的な要求になるはずもなく、当然日本からも見直しを要求することになります。具体的には、在韓の日本人の資産の補償であるとか、在日韓国人の在留資格の見直しなども含むのは当然のことです。

いずれにせよ、ふたつの国の関係を定めた条約を根本にまでさかのぼって見直しを要求するのは、あまり感心できるものでないのは言うまでもありません。

本来なら昨年2018年10月、日韓両国では「21世紀に向けた新たな日韓パートナーシップ」（日韓共同宣言）の20周年を盛大に祝うはずでした。

ところが、その10月から立て続けに起こったことといえば、国際観艦式への自衛隊の不参加（韓国が自衛隊の旭日旗《きょくじつき》の使用を認めず）、いわゆる「徴用工判決」（同年10月）、日韓慰安婦合意に基づいて設立した「和解・癒やし財団」の解散発表（同年11月）、韓国海軍による「レーダー照射」（同年12月）と、文在寅政権による反日攻勢でした。

それまで事を荒立てずに解決の道を探っていた日本政府も、ついに堪忍袋の緒が切れてしまったようです。2019年8月、日本政府による韓国の輸出優遇国（ホワイト国）からの除外を決定すると、今度は韓国が「GSOMIA（ジーソミア／日本との軍事情報包括保護協定）の破棄」を一方的に通告してくるなど、日韓関係は「戦後最悪」と評されるほどに溝が深まっています。

慰安婦合意、徴用工判決、レーダー照射、GSOMIAの破棄とあまりにも非道が続くので、偽リベラル系マスコミですら韓国の肩を持ったり、「日本も一定の譲歩を」などと言ったりするのは恥ずかしいのか、そう主張するのはわずかしかいなくなっています。

日本文化が好きな文在寅一家は親日家？

性格的に問題があるのではないかという気までする文在寅大統領の反日姿勢ですが、その一方で、実は本人もその家族も「日本文化の愛好者ではないか？」ということが話題になっています。

文氏の妻、金正淑《キムジュンスク》夫人も裏千家の茶道の愛好者として知られています。G20のレディーズ・プログラムで東福寺を訪れた際には、取りなしを期待してか、先頭の列で安倍昭恵夫人となごやかに談笑する姿が印象的でした。

また、写真週刊誌『フライデー』によると、長男のジュニュン氏はアニメーターで、「中学生の時に日本のアニメに嵌まり、小遣いをすべてアニメビデオ購入に充てていました。釜山《プサン》には、日本のアニメを違法コピーしたビデオやアイドルの写真集を安く売る店が、いくつかあったんです。父から小遣いをもらうたびに、バスでそうした店に通っていた文化から強い影響を受けている」「『エヴァンゲリオン』の庵野秀明《あんのひであき》監督に影響を受けた」などと韓国紙『京郷新聞』のインタビューに答えているそうです。

それから、韓国の野党議員が文氏の経費（2017年5月～2018年8月）を調べたところ、寿司店だけで473回、合計約632万円を使っていたといいます。さらに、同誌によると、三島由紀夫や雨宮処凛《あまみやかりん》などの日本の作家の愛読者だそうです。

とはいえ、「文在寅は隠れ親日派だ」というのは早計でしょう。たとえ日本文化が好きであっても、それがイコール親日というわけではありません。

例えば、ドイツ人もイギリス人も、そしてアメリカ人もフランス文化が大好きです。ドイツ人のプロイセンの軍団のような団体行動も、イギリス人の気取りも、アメリカ人の野卑な仕草も、フランス人から軽蔑されているのを彼らも知っていますが、それでもパリを訪れるのが彼らの一生の夢なのです。しかし、だからといって、彼らがフランスの外交政策に理解を示すとは限りません。

そうしたことから、日本文化好きの文在寅一家だからといって、大統領の政策が反日であっても不思議ではないのです。

ただし、それがまったく意味がないわけではありません。

ナチスでさえパリの街を焼くことを躊躇《ちゅうちょ》して、コルテリッツ将軍はヒトラーの命令を無視しました。最近でもノートルダム大聖堂が焼けたらアメリカ人も多額の寄付をしています。また、英国の上流階級のフランスへの愛着は、ポピュリストの反大陸的な外交政策にもそれなりにブレーキになっています。

文在寅一家にせよ、他の韓国人にせよ、日本文化が好きだからといって、外交政策で意味があるなどと期待しないほうがいいでしょう。しかし、経済的にも文化的にも日本がいかに韓国に対して貢献してきたかを理解してもらうための素地にはなるとは思います。

韓国国民もやりきれない文氏の娘の海外移住

家族とともにシンガポールに「移住？　逃亡？」などと取りざたされている文氏の長女は、日本の国士舘大学に2年ほど留学していたことがあるとの報道もあり、同大学で教鞭《きょうべん》を取っている私もビックリしました。

保守系と見られがちな国士舘大学ですが、アジアからの留学生は韓国に限らず多いですし、彼らからも好評です。真面目で硬派の大学であるという一面が、アジアの人に安心感を持ってもらえているのかもしれません。実際、長女も武道に関心があっての留学だったと報道されています。

韓国の最大野党である自由韓国党の議員が明らかにしたところによると、文氏の長女は2018年4月に夫からマンションの贈与を受けましたが（そのマンションは夫が大統領から購入したものらしいです）、その3カ月後には売却して、7月に夫、息子と一緒に東南アジアのシンガポールに移住したといいます。そして息子はインターナショナル・スクールで学んでいるそうです。

こうした動きに対し、「夫が勤めていた企業に韓国政府から不当な支援がされていた」、「資産差し押さえ逃れのためではないか」と野党議員は指摘しています。

大統領府は「子どもの教育問題が移住の理由ではない」、「学校関連の書類公表は個人情報の侵害である」と反論しています。

もちろん、文氏の娘夫婦が海外に移住しても法律には抵触しないとはいえ、大統領の子ども、孫が海外に移住するのには納得できないと韓国メディアは報じています。

小学生の孫には韓国の教育は良くないのでしょうか。そうではないとしたら、不動産の贈与や売買に何か疑惑が潜んでいるのではないかと勘繰《かんぐ》られても仕方ありません。朝鮮日報も、長女一家の移住について、「何かの事情があるように思われ、国民としてその理由が気になる」と報じているといいます。

拙書『捏造だらけの韓国史――レーダー照射、徴用工判決、慰安婦問題だけじゃない』（小社刊）において、初代の李承晩から始まって、歴代大統領の哀れな末路や、子どもなどの多くが罪に問われていることを詳しく紹介しました。しかし、文在寅の娘一家は任期の半ばも過ぎていないのに、予想される暗黒の将来に怯えて、韓国に見切りを付けた……ということかもしれません。

海外にいても、大統領の娘一家となれば警備が必要です。その費用は、もちろん韓国の納税者の負担ですから、国民としてはやりきれないでしょう。

もっとも、どこかの国も、ニューヨークに留学したプリンセスの婚約予定者にも警備を付けているらしいから笑えませんが。

なお、この娘は与党・共に民主党でなく、正義党という左翼政党に入党したという情報も報じられたことがあります。

意外と親日的だった金大中氏の再評価をしたい

文在寅大統領のお粗末な外交には1％の正義もないので、実質的な意味において、日本側は一歩も下がるべきでないと思います。

ただ、少し気になるのは、これまで韓国の大統領が現与党の路線に近い場合――それを革新というのか、リベラルというのか、親北というのか、ピタリと当てはまるいい言葉がないので〝現与党路線〟としか言いようがないのですが――そういう政権の時には常に日本との関係はよろしくないのであって、文在寅だけが特別だと思われるのはあまり正しい評価だとは思えません。とはいえ、現与党路線ではない保守系とはいい関係を築けてきたのかというと、それはそれで疑問です。

振り返ってみると、朴正熙《パクチョンヒ》（在位：1963年～1979年）、全斗煥《チョンドゥファン》（在位：1980年～1988年）、盧泰愚《ノテウ》（在位：1988年～1993年）という軍人系政権の時は別として、**そのあとに日本と一番良い関係を築いたのは、現与党路線に近い金大中《キムデジュン》大統領（在任：1998年～2003年）の時代でした。**

金大中氏は、1971年の大統領選挙で朴正煕に敗れて以来、朴大統領の政敵として扱われていました。そして、東京で拉致された「金大中事件」や、「光州事件」と関連した金泳三《キムヨンサム》（在任：1993年〜1998年）政権下での死刑判決など、左派の代表的な政治家として位置付けられてきました。

金大中氏が大統領になったのは、金泳三大統領がアジア通貨危機の影響から経済政策で行き詰まり、「IMF」（国際通貨基金）管理下に置かれた時でしたから、左派的な経済政策を取ることは不可能でした。その意味ではやや皮肉ですが、良いタイミングでの大統領就任だったといえるでしょう。

大統領選挙では、朴正煕の右腕だった金鍾泌《キムジョンピル》と手を結んだので、朴正煕政権をはじめ軍人大統領の時代について過度に厳しい姿勢も取り得ませんでした。

そして、どこまでが金大中の功績といえるのかはともかく、サムソンをはじめとするIT系の企業や現代グループが、世界的な企業グループとしての地位を固めたのも金大中が大統領の時代でした。韓国がG20のメンバーに名を連ねるなど、世界主要国としての地位を得ることができたのもこの時代です。

北朝鮮に対しては「太陽政策」を展開し、2000年に平壌《ピョンヤン》を訪問して金正日《キムジョンイル》国防委員長との南北首脳会談を行い、ノーベル平和賞を受賞するに至っています。

日本との関係を見てみると、死刑判決を出された時や東京での拉致事件において、日本政府に救われたことを評価していたと見られていました。

また、日韓併合時代に日本語教育を受けていたこともあって、日本のマスコミには日本語で話すこともありましたし、日本統治時代のかつての恩師に「先生、豊田（日本名）です」と語りかけたという逸話も残っています。

大統領としても、日本大衆文化の部分的な解禁や、天皇に対して「日王《イルワン》」の呼称をやめること、そして2002年FIFAワールドカップの共同開催など、比較的に良い流れが在任中には見られました。

特に、小渕恵三首相とまとめた「日韓共同宣言　21世紀に向けた新たな日韓パートナーシップ」（1998年10月8日）は、新たな日韓パートナーシップを構築しようというお互いの決意を表明した前向きのものでした。

日本と大韓民国との間の基本関係に関する条約によって1965年に国交が結ばれて以来、過去の両国の関係を総括し、その時点での友好協力関係を再確認するとともに、これからあるべき日韓関係について意見を出し合った結果が出ています。

金大中の政界引退後、政権は保守系へと移り、金大中は文在寅らに「必ず政権交代を果たしてほしい」と遺言を残して亡くなり、そのために文氏は政界入りを決意したという経緯があります。韓国のこと、特に現与党系のことを悪くばかり言っていると、日本側が韓国の保守系に肩入れしているように見えますが、必ずしも保守系がいいということではないのです。

金大中については、北に対する宥和《ゆうわ》政策（譲歩することで摩擦を回避する外交政策）によって崩壊直前だった北朝鮮を救って核兵器保有にまでつなげてしまったことや、日本人の拉致に関わり、死刑判決を受けた北朝鮮の工作員・辛光洙《シングワンス》を恩赦《おんしゃ》で釈放したことなどで、日本における評判が悪いのですが、それはまた別の話とすべきでしょう。金大中氏が死去してちょうど10年目となる今年、金氏の日韓関係について前向きな姿勢というのを再評価することも、これからの両国にとってはいいことではないでしょうか。

韓国国内でも、「文在寅大統領に最も失望しているのは金大中氏ではないか」との新聞の論評もあるようです。金大中大統領も文在寅同様、進歩的な革新政権でしたが、「韓国の成長は、日韓基本条約からの日本の協力なくしてはあり得なかった」という現実は認識していました。だからこそ、日韓共同宣言も可能だったのです。

日韓基本条約、日韓共同宣言という、両国が築き上げてきた良好な関係の土台を無視して壊そうする文在寅に対して、日本はどういう対応をしていくべきか、次章以降で述べていきたいと思います。

韓国に対する輸出管理厳格化措置は正しいが

2019年7月、日本政府は韓国に対する半導体材料の輸出管理強化措置を発動しました。そして8月上旬には韓国を「ホワイト国」から外すことが決められ、同月下旬に実際に除外されました。

こうした日本の動きに対して、私は反対ではありません。ただ、日本の対韓政策をトータルに考えた時に、あの時期にあの措置を行ったことにはやや疑問を抱いています。

というのも、韓国政府が徴用工問題で何ら対応をしない中で、本来であれば、**韓国政府による日韓基本条約と請求権協定を反故にする暴挙への制裁を正々堂々とやるべきではなかったのか**と考えるからです。

たしかに韓国の輸出管理にはもともと問題があったので、日韓関係が円滑な時期であれば、もう少し丁寧に注意喚起してから発表したに違いありません。しかし、本来の制裁をする代わりに輸出管理の厳格化を実施してしまったので、逆に本来の制裁をする機会を失ってしまったのではと危惧しています。

そもそも、この措置は「徴用工問題についての韓国に対する制裁ではない」と政府は言っていますが、措置の発表当時、少しでもそうした印象を与えることを避けようと努力したとはとても言えません。むしろ、「反撃を何もしていないじゃないか」という批判をかわす気持ちがやはりあったように見えます。

実際に、この輸出管理強化が「徴用工問題への報復」であると政府高官も語り、ほとんどのマスコミもそういう文脈で報じていました。

たとえこの措置を先行して採るにせよ、もう少しきちんとした説明が必要だったと思います。「これは徴用工問題と関係のない話です。しかし、徴用工問題に象徴されるように、文在寅政権が日本政府の問題提起や要求を真摯《しんし》に受け止めてくれないから生じたという意味では、共通の背景があります。韓国には反省を求めたいと思います」とでも、明確に切り分けて発表するべきだったでしょう。

その後すぐ、日本政府は輸出管理の厳格化措置と徴用工問題は無関係であることをことさらに強調するようになりましたが、初動の部分で少し違う印象を与えたのは賢いとは言えませんでした。

「ホワイト国」から韓国を除外することについてのパブリックコメント（意見公募）で、寄せられた意見が4万件超、そのうち95％超が除外に賛成する意見だったことを大臣が明らかにしたりもしていましたが、その意見のほとんどは、これを「制裁」と思ってのことであるのは明らかでしょう。

韓国が、国同士が結んだ条約（日韓基本条約）を守らないとか、司法でおかしな判決を下した（徴用工判決）からという理由で、日本側が輸出管理を厳しくするというのは、国際的には理解を得られません。

私は、韓国がこの措置を「WTO」（世界貿易機関）に提訴したところで何の問題もないと思いますし、WTOも動かないと推測しています。本音を言えば、韓国の極悪非道な振る舞いにはどんな制裁を課してもやり過ぎということはありません。

しかし、今回の日本の動きは、「優越的な地位にある国が外交交渉の道具にその力を使う」トランプ大統領と同じやり方だというイメージを世界から持たれてしまった恐れがあります。そういう意味では、日本が失ったものがないわけではなく、稚拙《ちせつ》感は否めないというのは少し心配です。

日産のゴーン事件の時もそうですが、いかにも経済産業省がうわべと違う意図で何かを企んでいるというイメージを海外に与えてしまうのは、愚策中の愚策だと思います。制裁を行うことは何らやましいことがないのですから、正々堂々と行えばよかったのです。

韓国の徴用工判決への対応策として、私は韓国が本当に困ることをするべきだと冷静に主張してきました。前述の『捏造だらけの韓国史』でも詳しく解説していますが、韓国への対抗措置として5つの具体的な方策を提案してきました。

①日本人が半島に残した個人財産への補償を要求
②対北朝鮮経済協力の拒否（統一時も含む）
③三代目以降に特別永住者の地位を認めないこと（条約上は二代目までだが、三代目以降も法律で認めている）
④歴史教科書における近隣国条項を韓国に限って撤回
⑤韓国大衆文化の流入制限（韓国と同等の制限を、ということ）

こうした措置こそ、徴用工判決に対抗する本物の制裁となります。本当にやらなくても、一定期間、韓国側の対応がないなら具体的な検討や実施を行うということをチラつかせるだけでもいいのです。

アメリカをも激怒させた「GSOMIA」破棄

日本側の思わぬ反撃に対して、韓国政府も驚きと衝撃があったのでしょう。韓国政府が対抗措置などを取らないか、取ったとしても通商上のもの、あるいは旅行自粛など政府が関与しないものに限定しておけば、たとえそれが誤ったものであったとしても、世界の同情を得たかもしれません。

しかし、各方面の責任者が自分の所轄範囲で何かしなくてはと焦って競った結果、日韓の「軍事情報包括保護協定（GSOMIA）破棄」という暴挙に出てしまったのです。

文在寅が側近として支えた盧武鉉大統領の場合は、本当は反米だったのでしょうが、日本と対抗するために、あえてアメリカには従う姿勢に徹し、イラク戦争に派兵まで行いました。ところが、文在寅はアメリカと距離を取ろうという意図を隠そうともしません。しかも、アメリカの反対を押し切って、日米韓の軍事協力を後退させるようなことまでしたのですから、アメリカが激怒するのも当然のことです。

アメリカは、文在寅政権を公然と批判し始めました。GSOMIAの破棄について、韓国が「米国も理解している」と説明したのを明確に否定した上で、米国国務省が「強い憂慮と失望感を表明する」と批判したのに続き、島根県・竹島周辺での軍事訓練についても「生産的ではない」とコメントしました。

2019年8月24日からフランスで開かれていた「G7」（先進7カ国首脳会議）では、トランプ米大統領自ら、文大統領への不信感を何度も口にしました。このようなことは、まったく異例な事態です。あの鳩山由紀夫氏が首相の時ですら、オバマ大統領もそのようなことはしませんでした。

ビジネス系オンラインメディア『JBpress』によると、アジア関連のニュースや情報を提供する米ワシントンの日報『ネルソン・リポート』において、トランプ政権高官の話として「文在寅という男は本当に阿呆《あほう》（Fool）。どうしようもない」、駐韓国大使館で高位の外交官だった人物の話として「文在寅は戦略的痴呆《ちほう》症（Strategic stupidity）と言い切っても過言ではない」などと、かなり辛らつな言葉が発せられたと報じています

（JBpress「米国、米韓同盟破棄を真剣に検討か　韓国はもはや味方にあらず、日米豪印同盟に舵切る米政権」２０１９・８・28配信）。

ＧＳＯＭＩＡの破棄は、日本だけではなく、アメリカも堪忍袋の緒が切れる寸前の状態にしました。今後、米軍駐留費分担の大幅なアップなど、アメリカからの法外な要求も受け入れないと、アメリカの怒りは鎮められないかもしれません。

文大統領は、アメリカを怒らせておいて、何の代償も必要ないとでも考えているのでしょうか。いずれにせよ、ＧＳＯＭＩＡ破棄を断行するに当たっての計算、戦術、そして覚悟というものが本当にあったのかどうか怪しいものです。

皇室への不敬に対する正しく賢い反撃

韓国人の反日言動で、日本人として一番腹が立つのは皇室に対する不敬ではないでしょうか。特に、天皇陛下を「日王」と呼ぶのは極めて失礼です。文喜相《ムンヒサン》国会議長が、現上皇陛下を「戦争犯罪の主犯の息子」と呼んだことなど、非常識の極みです。

そもそも「日王」は、１９９０年代から韓国国内で使われるようになった言葉です。「皇」

の字は、韓国の宗主国である歴代中国の皇帝から使用が許されず、いつまでも王の地位だったため、自分たちから見ると格下である日本が「皇」を名乗ることが韓国人の劣等感を刺激したのです。つまり、ナショナリズム的に許せないというわけです。一方で「天皇」という言葉はタブーとなっている側面があります。

また、文喜相議長は2019年2月7日、ブルームバーグのインタビューで従軍慰安婦問題について、「ひとことでいいのだ。日本を代表する首相か、あるいは私としては間もなく退位される天皇が望ましいと思う。その方は戦争犯罪の主犯の息子ではないか。そのような方が一度おばあさんの手を握り、本当に申し訳なかったとひとこと言えば、すっかり解消されるだろう」と発言しました。

これを朝日新聞が確認したところ、韓国の国会報道官がそういう表現は用いていないと説明を行いましたが、ブルームバーグは文議長のインタビュー音声データを公開し、国会報道官の嘘がバレました。

話は少し遡りますが、2012年8月14日に当時の李明博大統領が、「(彼らが言う日王について)痛惜の念などという単語ひとつを言いに来るのなら、訪韓の必要はない」「(日王が)『痛惜の念』などというよくわからない単語を持ってくるだけなら、来る必要はない。

韓国に来たいのであれば、独立運動家を回ってひざまづいて謝るべきだ」と謝罪を要求する発言を行っています。

ただし、韓国人のこうした発言について、日本の保守系の人たちが「不敬」だと過剰に騒ぐのは望ましくありません。たしかに、外国の君主に対して一定の敬意を払うのは当然です。しかし、そういう一般的な原則を超えて、日本の皇室に対する敬意を外国に求めることはできません。

それに、昭和天皇の戦争責任についての議論を蒸し返してまで韓国と喧嘩したところで、日本にとっても皇室にとってもいいことは何ひとつもないでしょう。

もちろん、日本の世論が韓国の非常識に厳しく反応するのは当然のことです。しかし、それを皇室や政府が感情的に取り上げても何ら生産的な意味はありません。慇懃《いんぎん》無礼に皮肉を言って、あとは「丁寧な無視」をするだけで十分でしょう。

具体的には、この議長が訪日したり、韓国の要人が日本に来たりしても、皇室関係者には会わせなければいい。ただそれだけでいいのです。

現在の国際社会では、外国の君主の肩書きは、その国の自己申告のとおりに各国が呼ぶのが慣習となっています。そのため、韓国側が天皇陛下を「日王」などと呼ぶのは許してはいけません。

それでも、いつの日か、日韓関係が成熟した象徴として「天皇訪韓」は必要なことだと私は思っています。とはいえ、慌てる必要はまったくありません。

天皇陛下であれ皇族であれ、あくまで日本国の「象徴」という立場です。訪韓に先立ち、あらかじめ韓国政府から「一歩進んだお言葉など期待していない」という明確な約束が必要となります。

昭和天皇の場合には、象徴天皇ではなく、明治憲法下における天皇だった時期がありますから、その立場においてやや踏み込んだご発言が求められても仕方ない面がありました。しかし、平成以降の陛下にあっては、政治的な役割を果たされたことはないのですから、政治的発言は絶対にあり得ないのです。「それでもいい」と、韓国世論が納得しているということが、天皇訪韓の最低の条件になります。

日韓の関係に似ているということで言えば、イギリスとアイルランドの関係が参考になるかもしれません。

アイルランド大統領が、初めてイギリスを公式訪問したのは２０１４年で、１９２２年に自治が認められてから92年目のこと（正式独立は１９３７年）。２０１１年のエリザベス女王のアイルランド訪問に続くこの訪問で、両国は歴史的和解のひとつの段階を迎えました。この時、アイルランド大統領はアイルランド人兵士も多く祀られているウェストミンスター寺院の無名戦士の墓に詣でましたが、これは韓国大統領が靖國神社に参拝することに匹敵するものでした。

そういう意味では、戦後まだ70年余りですから、慌てる必要はありません。現在の天皇陛下が在位されている間、あるいは終戦後100年あたりには実現できるといいと願うばかりです。その実現を目標に、両国が慎重に条件整備を進めていくとすれば素晴らしいのではないでしょうか。

しかしながら、「天皇は謝罪しろ」と韓国の国会議長が発言するようでは、もう1世紀は実現しない気が強くします。

続く第二章では、韓国の卑劣な挑発に対して、日本はどのように反撃していくべきかを、歴史家・国際問題評論家の立場から述べていきたいと思います。

第二章

韓国と絶縁しても何も困らない

韓国が東京五輪をボイコットしたらほっとする

昨今の日韓両国の感情悪化に伴い、韓国では、「東京五輪をボイコットするべきだ」という声も強まっているようです。しかし、それを怖れる必要はまったくないでしょう。平和の祭典ですから、ボイコットなど不愉快ですし、もちろんバカげていることだと思いますが、何も来てほしいからといって韓国に媚びるような話ではありません。

韓国が友好的に参加するなら歓迎ですが、もったいつけるなら、何も無理をして参加してくれなくてもいいですし、妙なパフォーマンスや妨害をする韓国人が出るくらいなら来ないほうがいいと思うのは当然のことでしょう。

実際、韓国選手がラフプレイや、負けて口惜しいからといって試合会場に居座ったりすること、あるいは韓国の審判員によるおかしな判定など、心配することが山ほど出てきます。また、日本人を軽蔑する猿真似や、太極旗をグラウンドに立てるなど、いずれも前例があるので、これは一方的な決め付けではなく失礼にもあたらないと思います。

自国で行われるオリンピックですから、ボイコットする国が出るのは、もちろん喜ばしいことではありません。また、いろいろ腹が立つことは多かったものの、平昌《ピョンチャン》五輪には日本も参加したのですから、それとのバランスを取るのが世界の常識だと思います。ただ、参加してきて反日運動などで雰囲気を壊すようなことをされるよりは、不参加のほうがベターだというのが普通の日本人の感覚でしょう。

雰囲気を壊すといえば、すでに開催1年前から韓国はケチをつけ始めています。

今年の8月20日には、東京五輪関連会議が開催されました。会場となる東京都内には各国や各地域のオリンピック委員会代表者が集まったのですが、その開催の前に出席予定の韓国オリンピック委員会が、東京電力福島第1原発事故の影響を念頭に、食の安全や選手の健康を懸念する事前通知を日本側に送付してきたのです。「選手の食事は大丈夫か」「選手村の建築木材に放射能汚染の影響はないのか」といった内容で、なぜか東京五輪関連サイトにある日本海や竹島などの地図表記についても抗議していました。

そして韓国の与党議員が「日本の放射能汚染地図」を公表したのも記憶に新しいところです。もちろん、官民挙げての旭日旗へのクレームも怠りません。

また、韓国人に限りませんが、東京五輪でふさわしくない横断幕などを持ち出した外国人が出てきたらどうするのか、よく準備しておいたほうがいいと思われます。例えば、平和の祭典にふさわしくない旗、政治的メッセージ、人物画を持ち出したり、妨害行為をしたりする観客がいたとしたら、周囲の日本人は黙って見ているべきでありません。犯人を一般観衆は協力して物理的に取り押さえ、警察に引き渡すべきででしょう。警察が来るまで待っているべきではありません。警察が来るまである程度の時間、パフォーマンスを続けられたら、その妨害行動は成功したことになってしまうからです。

刑事訴訟法では速やかに警察官などの司法職員に引き渡すという条件付きで一般市民でも現行犯逮捕できるはずですから、一般市民にその手順を広く知らせて備えてもらったほうがいいでしょう。その場合、威力業務妨害の現行犯としてどの程度手荒に押さえ込んでいいのか、市民に周知すべきだと思います。

最近の日本では、電車内で女性に不適切行為をしたりしても周囲の乗客は手出ししないことが多いのですが、残念なことです。あるいは、「ガーディアン・エンジェルズ」のようなボランティアの自衛団を組織することも考えていいのかもしれません。

いずれにしても、テロ対策でも事件・事故対策でも何でも、すべて警察などに任せるのは間違いで、市民が立ち上がるというのも大事になります。特に外国人犯罪に対して国民が協力してあたるというのは、国として当然のことでしょう。

韓国人観光客の減少で本当に困っているのはコリアン社会

韓国では、日本ボイコット運動がみさかいなく燃えさかり、日本旅行を取りやめる動きが広がっています。特に、団体旅行を中心に日本旅行のキャンセルが相次ぎ、韓国の大手航空会社やＬＣＣ（格安航空会社）では日本行きの便が次々に運航休止となりました。

訪日客の減少だけではなく、韓国の航空会社間の過当競争による採算悪化も原因なのですが、札幌、富山、静岡、佐賀、大分、熊本、鹿児島など、地方都市を中心に運休となったのです。そのため、地方からは韓国からの観光客が減ることで収入減となり困っているという声がもれ聞こえてきたり、慌てている自治体の知事さんもいます。

しかし、韓国に来日をボイコットされたところで、日本全体で外国人観光客が増えている中では目立たないし、日本の経済全体に影響を与えるほどの話ではありません。

実際、日本政府観光局の発表したデータによると、今年7月の訪日外国人客数（推計値）が前年同月比５・６％増の２９９万１２００人となっています。関係が悪化している韓国からの訪問客数は同７・６％減の56万１７００人ですが、トータルでは増えているのです。

それに、意外と知られていないことですが、**韓国人観光客に依存度が高い会社は、在日の方々や韓国企業が経営しているところが多いのです。**

例えば、韓国国民による「訪日自粛」により、航空会社の倒産危機が顕著になってきています。事実、LCC事業者のみならず、大手航空会社のアシアナ航空と大韓航空も赤字が拡大するなど、まさに「セルフ経済制裁」発動中です。

ほかにもNHKのニュースに登場し、「韓国からの観光客が減って困っている」と話した旅行会社の経営者の日本語は、明らかに韓国訛《なま》りだったので笑えました。結局は自滅のブーメラン、まさにコリアン同士で天に唾《つば》しているということになります。

韓国語のできる観光ガイドで、日本人はほとんどいないのではないでしょうか。在日の方か、留学生や出稼ぎの方がほとんどだと思います。

在日の方々は、日本だけでなく世界中で日本料理屋なども経営され、日本文化の普及に大きく貢献されています。私が官僚時代にパリに勤務していた頃、トップクラスの日本料理屋のひとつは大阪で在日の方が買収された名門ホテルの経営でしたが、頻繁に韓国大使の公用車がホテルの前に止まっていて、パリを舞台にしたコリアン同士の日本文化を通じた交流をされているのを興味深く観察させていただきました。

赤坂にはコリアンバーがたくさんあって、あのマレーシアで暗殺された金正男《キムジョンナム》もお気に入りだったようです。客もそうですが、経営者の女性も日本人ではありません。日本への観光客が減って、先に述べたように韓国の航空会社が経営危機というニュースも流れてきますが、勝手にやってくれという印象です。

東京の大久保あたりのコリアンタウンは、もともと日本人の客が減って困っていましたが、今度の韓国人観光客の減少で息の根を止められる店も多そうです。

日本経済にダメージを与える自傷行為は避けるべき

日本では信頼のおける調査はないのですが、韓国メディア『毎日経済』では「韓国人観光客は平均4・3泊で、一度の訪問で1人あたり7万1795円を遣っている。項目別では宿泊とショッピングの支出が多かった。日本を訪問する外国人は平均9・1泊しながら15万3921円を遣っている」と報道しています。ここでは遣ってくれるお金の大小については議論しませんが、韓国人観光客がコリアン社会やコリアン系企業にどれだけ貢献しているかは興味深いテーマです。

それでも、西日本や北海道ではそれなりに影響は深刻なので、政府も少しは配慮しないと、地方から対韓強硬策への不満が募り、韓国に媚びるような行動に出られても困るので、打撃の大きい地域や企業には配慮が必要でしょう。

特に、沖縄などでは政治的に悪用されかねません。現在では日韓友好を口実にした「媚《び》韓《かん》プロパガンダ」をしても国民の支持は受けそうもありませんが、経済への影響を隠れ蓑《みの》にするなら、不満も表明しやすいのです。

近年、日本の地方経済は海外からの観光客のインバウンド需要で潤っています。何しろ、外国人観光客は一日あたり一般住民の7倍のお金を遣うといいます。つまり、**観光客が1日に1000人滞在すれば、人口が7000人増えたのと同じ計算で、人口減の埋め合わせに十分になっているというわけです。**韓国からの観光客が日本で遣う金額は中国人に比べてやや少な目と言われますが、それでも大事なお得意様です。

韓国からの観光客にノービザ渡航を認めるのを廃止しろと言う人もいますが、それは日本経済に被害を与える自傷行為となります。韓国との断交・断絶を軽々しく主張することは、日本観光をやめさせたい韓国の反日派を喜ばすだけの「反日的」行動だということを心得てほしいものです。

それに、韓国人でも中国人でも日本に来て、初めて反日教育による洗脳が解けて、日本も日本人も日本の文化も好きになる人や、自国の教科書に書いてある歴史認識に疑問を持つ人が多いのですから、その機会をなくしていいことなどありません。

韓国人に特に人気が高く、その依存度が高い観光地もあります。釜山から近い長崎県の対馬《つしま》や、温泉好きが多い韓国人からの人気が高い大分県の別府温泉などはその典型で、経済的な打撃はかなりのものだと聞きます。

政府は緊急融資なども考えるべきでしょう。国家的な利益を守るための戦いを、一部の人の犠牲の下にすべきではないし、それが足並みの乱れの原因にもなります。韓国人旅行者が激減した対馬や別府などには、日本の国民に旅行を呼びかけたいものです。個人でも行ってほしいですし、各種団体も積極的に旅行を組織すべきですが、それを大きなムーブメントにするためには、国が助成したり政府や政治家が応援を呼びかける必要があります。

日本の地方がソウル空港をハブとして利用する愚

空港の問題についていえば、以前から仁川《インチョン》国際空港がアジア最大級のハブ空港として君臨してきました。日本の地方空港は、唯一の国際線がソウル近郊にある仁川国際空港行きというケースが非常に多かったのも事実です。そのため、路線維持のために地方自治体が補助金を出していたりしていました。

こうした地方では、路線の縮小・廃止は、韓国からの観光客の減少だけでなく、海外への渡航にも支障を来たします。何しろ、海外に行くハブ空港として、成田国際空港や関西国際空港ではなく、仁川空港が一番便利という都市も多いのです。

関西空港や成田空港には地方空港からの便は少ないし、関空や中部国際空港からは東アジアやハワイなどへの近隣への路線は多いものの、欧米など遠距離便は少なく、距離的にもコスト的にも仁川のほうが便利なのです。

ここは国策として、①地方都市から関西空港や中部空港へ入る便を増やし、かつ、②両空港から欧米など遠距離のフライトも増やす策を講じるべきです。①と②は鶏と卵の関係ですが、同時にテコ入れすれば相乗効果が見込まれます。

日本の経済政策がダメな点は、縦割り行政のために「他の条件が同じならば」という前提で政策効果を考えることです。インフラ整備などと需要を増やす別の政策とワンセットにすれば効率が上がり採算性も向上するはずです。スパイラル的にすべてを好転させる手法をもっと真剣に考えるべきです。当然、アジア諸国に比べて割高な空港使用料金の見直しなども必要となるでしょう。

ともかく、**日本人が仁川経由でなければ海外に行けないというのはおかしなことです。**ましてや、地方自治体が韓国の航空会社に補助をするとか、知事が路線維持のために土下座外交をするなどもってのほかです。

そもそも、韓国と北朝鮮は未だ休戦中の状態であり、戦争が終結しているわけではありません。朝鮮半島有事の可能性は少なからずあり、仮に軍事衝突のような有事が起こった場合、日本人の救出のために自衛隊が出動するようなことを韓国政府が許可するとは考えられません。

日韓軍事情報包括保護協定（GSOMIA）破棄までするのですから、居住はもちろん、観光やトランジット（飛行機の乗り継ぎ）も含めて、**韓国、特に軍事境界線に近いソウルや仁川に日本人が滞在することはやはり危険**であり、その数を減らすべきです。そう主張したところで、極論でも嫌韓でも差別でも何でもないでしょう。

韓国依存は、空のハブ機能だけでなく、海上交通でも同じです。阪神淡路大震災ののち、神戸港が釜山に東アジアのハブ港湾としての地位を奪われて、今や釜山港がマヒしたら、輸出入どころか国内の港同士の輸送にも支障が出てしまいます。

1995年の阪神淡路大震災に際して、当時の貝原俊民兵庫県知事は「単に震災前の状態に戻すのではなく、21世紀の成熟社会にふさわしい復興を成し遂げる」という「創造的復興」を訴えました。

それに対して、後藤田正晴元官房長官は、「被災地の公共施設を旧に復するのは国の責任だが、よりよいものをつくるのであれば地元の資金で」という「後藤田ドクトリン」と呼ばれた原則を掲げました。これが致命傷になって、神戸港は時代遅れの港湾のまま復旧してしまいました。

大正時代、関東大震災からの復興の責任者になった医師であり、官僚であり、政治家でもあった後藤新平は、「(震災を)千載一遇のチャンス」と捉える気持ちで復興計画を立てましたし、そうだからこそ、東京は古い城下町から近代の帝都として甦りました。

また、太平洋戦争の戦災復興でも、名古屋市など気の利いた都市では、住民の反対を押し切ってでも、「復旧」ではなく、よりよい「復興」を目指して実現しています。ところが、阪神淡路や東日本の大震災ではそういう気概がなかったので、元のレベルに復旧しただけで、国際的な競争力が落ちるのは当然でした。

韓国の産業が日本依存から脱するために懸命なのと同じように、**日本もインフラ面での韓国依存をやめるよう、国策としての努力が必要です**。今回、韓国の航空会社各社が日本の地方路線を次々と休止したことを、〝災い転じて福となす〟とするよう、官民ともに一気に脱韓国のための手を打っていくべきだと思います。

日本の政治家の中には、韓国に同情するあまり、西日本の利益を犠牲にして差し出す人が多いように思います。関西は東京にはかなわなくとも、ソウルとは十分に張り合えるはずです。あるいは、名古屋五輪が実現しなかったのは、一部の政治家がソウルに五輪をさせたほうが東アジアの安定に好都合ということで運動の手を抜いたのも原因と言われます。これが東京五輪だったら絶対にそういう発想はしないのですが、東京以外なら韓国に花をもたそうという勘違いをした政治家、財界人、文化人は非常に多いのです。後藤田氏も気骨はあったかもしれませんが、経済については政治家として落第です。

日本人観光客を洗脳する韓国人ガイド

一般論として、海外旅行は国際理解を促進するために役立つのでいいことではあります。

しかし韓国では、デタラメな歴史認識を韓国人ガイドに吹き込まれて洗脳されてしまう日本人観光客が多いのが問題です。そのため、日本人としての正しい歴史知識のないままでの韓国旅行は勧められません。

私が韓国に旅行した時は、ガイドさんから反日プロパガンダを延々と聞かされて、ウンザリしました。日本統治でいかにひどい目に遭ったかとか、慰安婦問題などについての日本政府の取り組みはおかしいなどと、アジ演説まがいの説明を続けるわけです。

また、古代における半島の文化的優位を主張したり、日本人と関係ない文化財破壊も豊臣秀吉のせいにしたり、嘘八百を並べ立てて、言いたい放題でした。逆に、文化財が朝鮮総督府のおかげで修復整備された事実などは隠します。

「ここは荒れ寺になっていたのを朝鮮総督府が再建したはず」、「この立派な建物ができたのは日本統治時代でしょう」、「李氏朝鮮時代の庶民はそんなに幸福だったのでしょうか?」などと、反論したくてウズウズしました。

私自身にとっては、韓国人がどんなにデタラメな歴史教育を受けているのか、また観光客にどのように嘘を説明しているのかがわかって興味深いものでしたが、同じツアーの参加者たちが、「日本人は韓国の人たちにひどいことをしたのね」、「韓国の人が日本人を嫌うのももっともね」などとあっさりダマされて「反省」するのを見ていると、特に修学旅行などで訪韓する中学生や高校生がこうして洗脳されているのかと、つい暗然たる気持ちとなりました。

中国旅行でも、ガイドは自分の国を誇ったり、遠回しに日本軍の行動を批判したりはしますが、参加者の気分が悪くなるような言い方はしないのとは大違いです。

西日本の衰退が少子化の大きな原因である理由

今、地方、ことに日本海側や西日本では、政府が東京一極集中に歯止めをかけないこともあって人口が減っています。そして、観光も含めた経済は中国や韓国への依存を深めています。これを放置し、海外からの移民も増えてくると、やがて人口的にも彼らの割合が高くなりかねない状況です。

それでなくとも大阪を中心に関西には在日韓国・朝鮮人や韓国・朝鮮から帰化した人が多いのですから、今後、中国人も増えてアジア都市化することも考えられます。アメリカではカリフォルニアや南部でヒスパニックが多くなり、政治勢力化しているのとよく似た状況に、日本も近い将来にはなるかもしれません。

といっても、アメリカでメキシコ人が増えたり、ヨーロッパで中東やアフリカからの難民が増えたりしたところで、治安面はともかく、軍事的には脅威ではありませんが、日本の場合は、例えば九州で韓国人、沖縄で中国人が増えればそちらも心配になります。

かつて、古代日本では百済《くだら》からの亡命者が地域的に偏在して増え、事実上の百済領化しかねないと時の政府が危惧したことから、百済出身者を強制的に全国に分散させたという歴史があります。現代の日本においても、特定の地域で近隣国民が増加するのは絶対に避けるべきでしょう。

そもそも、九州や沖縄、日本海側の地域など、**国防上センシティブな地域での日本人の人口を減少させるのは、日本の安全にとって極めて危険です**。特に、離島は重要です。その意味で、そもそも東京一極集中を放置すること、日本列島の人口分布を西から東へ移動させることは、国防上この上なく危険な行為なのです。

例えば、特殊出生率を見ると、全国平均は1・4ほどで、東京が1・1に対して九州では1・6であるなど、西日本が全般的に高くなっています。子だくさんを良しとする風土や子どもを育てやすい生活環境があるのは間違いありません。出生率上位10都道府県を見ると、一番東でも福井県となっています。

その意味で、東京ではなく九州で雇用を増やしたら、夫婦で0・5人子どもが増えるわけですから、保育園を増やすより、よほど効果的な少子化対策になります。

そう考えると、安倍首相や麻生太郎副総理が、地元の経済振興を遠慮なくやれば、それが国家のためになるのですから、堂々と地元への利益誘導をしてもらいたいくらいです。有力政治家は西日本から多く出ているのに、彼らは田中角栄ほど地元のために働きません。

さらに、離島などには、一般的な地域経済振興策と切り離して、さまざまな公的な訓練施設など置けばいいと思います。かなり奇抜な案ですが、離島に刑務所を設置するのはどうでしょうか。一般の刑務所より家族との面会などは難しくなりますが、その代わりにある程度は自由な生活ができるようにして、受刑者には「防人《さきもり》」としての役割を果たしてもらうのも一案だと提案しています。

「令和」ゆかりの大宰府は日本防衛の拠点だった

ここ最近、世界遺産の沖ノ島や、『魏志倭人伝《ぎしわじんでん》』に出てくる伊都国《いとこく》の跡と言われる平原遺跡なども訪れることができ、古代の筑紫地方についてかなり勉強ができましたが、今年の5月には、「令和」発祥の地である太宰府《だざいふ》を私は訪れました。

新元号「令和」が、『万葉集』の中でも太宰府での宴で詠まれた歌を集めた「序」から引用されたというので、太宰府市は時ならぬ大観光ブームとなり、中国や韓国の観光客であふれています。

「大陸への玄関口」と「脅威に備える最前線」というふたつの面が、昔から九州という土地にはありました。どちらも大事な役目ですが、現在は前者の役割だけを突出させて後者を封印、それどころか韓国から来る観光客のご機嫌取りをしている始末です。

現在の太宰府市は、平城京や平安京と同じような都市プランだった大宰府都城の東北の端にある太宰府天満宮の門前町がもとになって広がり、西鉄の太宰府駅や九州国立博物館も近くにあります。

それに対して、令和ゆかりの地である坂本八幡宮は、特別史跡になっている大宰府政庁跡の北西に位置しています。政治家にして歌人、「令和」を含むその序文を記したとも言われる大伴旅人《おおとものたびと》の館の跡です。

そもそも「大宰府」とは何かと言えば、西日本の政治と文化の中心である以前に、日本防衛のために建設された軍事拠点でした。

もともと西日本の中心は博多（那ノ津）でしたが、唐軍（「白村江《はくすきのえ》の戦い」の敵軍には新羅《しらぎ》も加わっていましたが、主力は唐軍。百済を滅ぼして併合したのは新羅でなく、唐ですから当然です。百済地域が新羅領になったのは、もっとのちに唐から横領したものです）の来襲が心配されました。そこで、海に近い博多では不安だということで、要害堅固な大宰府を築き、機能を移転したのです。

その後、白村江の戦いで惨敗し、難波京《なにわきょう》（大阪）や飛鳥では海に近くて不安だというので、天智天皇が逢坂山《おうさかやま》の向こうの大津京に遷都したのも同じ理由です。

さらに大宰府では、前面に「水城」というダムを築いて防御として、いざという時には堰《せき》を切ろうと考えられていましたし、背後には最後の砦としての大野城を築きました。唐軍の進撃に対する天智天皇の危機感が伝わってくる遺構となっています。

ところが、現在の太宰府市の観光コースを回っても、国土防衛の拠点としての大宰府の役割は感じられないばかりか、そういう印象を与えないように配慮しているかのようです。同市の九州国立博物館の展示でも、東アジア諸国との友好ばかりが強調されて、中国や韓国の気に障るような国防の最前線としての内容は避けられています。

もちろん、太宰府は東アジアとの交流の場でもありましたが、国土防衛の最前線というのが出発点です。そうした歴史や、平安時代の「刀伊《とい》の入寇《にゅうこう》」の時も最高司令部として機能していたことなど、申し訳程度にしか展示されていないのは困ります。

刀伊の来襲で大宰府の人々が大活躍したことは井沢元彦氏や百田尚樹氏の著作でよく知られるようになりましたし、私も拙著『「日本国紀」は世紀の名著かトンデモ本か』（パルス出版）で詳しく論じているように、日本史においてもとても重要な出来事でありました。

しかし、勇敢に戦って撃退したなどというのは、戦後史観の人には気に入らないのでしょう。学生団体『SEALDs』（シールズ）のメンバーが言ったように、「攻めてきた兵隊さんと酒を飲みながら憲法第九条でも説明すればいい」と思っているらしいのです。やはり博多に「元寇」についての国立の展示館くらい造ったらどうでしょうか。

九州は韓国人に媚びず日本人が喜ぶ観光地に

九州にある神功《じんぐう》皇太后に関しての多くの遺跡も、韓国侵略というイメージがあるというので、積極的な売り出しがされていません。しかし、あの当時は朝鮮民族や韓国・朝鮮国家などまったく成立していなかった時代ですから、そんな遠慮は不要です。

当時、半島南部では各民族が入り乱れ群小国家が乱立していました。その中から、百済や新羅が少し成長して近隣諸国を侵略する一方で、北から高句麗《こうくり》、南から倭国《わこく》が進出して、四つどもえで主導権争いをしていたのです。

つまり、百済・新羅・高句麗の膨張政策と日本の進出はまったく同じ性質のものなので、日本だけが批判されるべきことではありません。むしろ、そうして獲得した日本固有の領土である任那《みまな》を新羅（韓国）に侵略されたというのが正しい見方です。

例えば、フランスがドイツと友好を深めていても、第一次世界大戦の勝利を強調し愛国心を奮い立たせる戦跡を観光地とすることを、ドイツに遠慮してやめるわけはありません。パリはナポレオンの栄光の記念物にあふれていますし、イギリスのトラファルガー広場にはフランス・スペイン連合艦隊を破ったネルソン将軍の銅像が建てられています。

韓国が、「文禄・慶長の役」で朝鮮水軍を率いて日本軍と戦い活躍した李舜臣《イスンシン》――〝英雄〟というほどの人物かどうかは疑問ですが――の銅像をソウルに建てることを日本人がやめるようには言わないのと同じように、日本が神功皇后や元寇の英雄・少弐資時《しょうにすけとき》を顕彰するのを遠慮する必要はまったくないのです。

現在、長崎県対馬では「対馬厳原港《いづはらこう》まつり」が行われ、「朝鮮通信使」の復元船の入港・乗船体験、朝鮮通信使行列の再現など行い、韓国人に熱心にアピールしています。

たしかに江戸時代の対馬藩は、朝鮮通信使の窓口として重要な役割を担っていました。しかし、朝鮮通信使は朝鮮国王から徳川将軍への一種の朝貢使であることを粉飾して、「対等の関係だった」などという韓国のプロパガンダを受け入れているのは気にいりません。江戸時代の日本と朝鮮の関係が対等のものであったかなかったかは、近代における日韓関係の評価にも影響しますので、正しく認識することが求められます。

正しい見方は、明治維新になって、それまで朝貢使節に準じた朝鮮通信使を介してのお付き合いだったのを、西洋式の万国公法に基づいた付き合いにしようと「天皇が勅書」を出して提案したら、「皇」とか「勅」の字が気に食わないといって難癖を付けたのが近代日韓関係のがこじれた最初の出来事です。

その意味で、韓国の妄言《もうげん》にのせられて江戸時代の関係が対等だったということになると、明治初年の事件の位置づけが変わってしまいます。

何よりも対馬が日本史において重要なのは、**高麗軍が主力部隊として参加した元寇によって、かなりの島民が虐殺され拉致されたことです**。そして、それこそが古代の新羅との関係が終わったあと、中断ののち再開された近世の日韓関係の原点なのです。

その残虐行為を伝える「元寇記念館」のような施設を開設して、修学旅行などを誘致すべきでしょう。今のように韓国に媚びる歴史だけ売っているのでは、日本人が来たいとは思うわけがありません。

もちろん、特区的な扱いで免税店やカジノもあっていいと思います。とにもかくにも、対馬を韓国人観光客に経済的に依存させておくのは極めて危険なことなので、政府も強い覚悟をもって、対馬やそのほかの離島のテコ入れをすべきです。

本章のタイトルは「韓国と絶縁しても何も困らない」としましたが、それはあくまでも東京や大阪など大都市の話です。

東京一極集中に歯止めをかけるべく、日本政府には地方、特に九州や離島については、積極的かつ早急な観光支援が求められます。それが為された時、日本にとってまさに韓国は「絶縁しても困らない国」となるでしょう。

他方、日本旅行ボイコットによりこのような気づきを得られるのですから、『ありがとう、「反日国家」韓国』という本書のタイトルには意味があるのです。

コラム 日韓間の請求権に関しての法的な整理

Ⅰ. サンフランシスコ平和条約と日韓基本条約の関係はこうなる

●連合国との関係での朝鮮半島：戦争状態の終了（第1条）45カ国との間で戦争を終了。領土権の放棄（第2条）⇒分離地域ができる（朝鮮半島、台湾、樺太・千島列島）。賠償、在外財産の処理（第14条〈a〉）。

●朝鮮など分離地域との関係：日韓間は戦争状態になく,韓国は講和条約の非締約国。

「分離地域」の財産・請求権は「特別取極」の主題とする（第4条〈a〉）→日韓請求権協定の締結特別取極を締結することとなった（なお、中華人民共和国政府は日中共同声明で戦争賠償の請求を放棄することを宣言した）。

Ⅱ. 日韓請求権協定はサンフランシスコ平和条約に基礎を置いた戦後秩序の基盤のひとつ

●日韓請求権協定は、日韓国交を正常化後、半世紀の間、安定的な政治・経済関係を構築していく基盤となった→これを覆すのは、日韓関係を1965年以前の状態に引き戻すことに等しい。

●日韓請求権協定はサンフランシスコ平和条約第4条に言及しており、日韓請求権協定はサンフランシスコ平和条約を中心とする戦後秩序の一部をなしていると言える。

→これを覆すことの影響は日韓二国間に限られず、戦後秩序全体にも及ぶ。

●旧労働者（いわゆる徴用工）の問題を適切に解決することは、戦前のその他の出来事に問題を波及させないために極めて重要→日韓二国間の他の問題＋サンフランシスコ平和条約を中心とする戦後秩序全体。

Ⅲ.「完全かつ最終的な解決」の意義

●日韓交渉の経緯：韓国が交渉で要求した八項目の「対日請求要綱」の中には、被徴用韓国人の未収金、補償金、その他の請求権が含まれており、協定と同時に作成された合意議事録では、協定で解決された財産・請求権にいわゆる八項目の要綱が含まれていることが明記されている。

●従前の韓国政府の立場：2005年にも韓国政府は「苦痛を受けた歴史的被害」に基づく補償が日本からの無償資金に反映されているとの立場を取っており、死亡者のみならず、行方不明者や負傷者にも給付を行っている。

●何が「植民地支配と直結した反人道的な不法行為」（大法院判決）か、なぜそれが解決されていないのか明確ではない。解決していない請求権があるとすれば、「完全かつ最終的な解決」をしたことになり得ず、論理的に破綻する。

第三章

反日？　親日？
韓国人の不思議

日帝残滓を糾弾するなら国旗・国歌も変えたらいい

韓国の小学校では、「親日派」の音楽家が作った校歌を変更する動きが広まっています。そのきっかけを作ったのは光州《クァンジュ》市で、「17の学校の校歌が親日派の音楽家が作曲したもの」として、卒業式での使用を取りやめたりしたといいます。

校歌ですから、歌詞が親日的というわけもなく、ただ日本統治時代に活躍していた作曲家が作ったという理由だけのこと。本当にバカげています。

それを言うなら、安益泰《アンイクテ》が作曲した『愛国歌』（韓国の国歌）も変えたほうがいいでしょう。なぜなら、作曲したのは、リヒャルト・シュトラウスに師事して、主にヨーロッパで活躍した安益泰ですが、東京高等音楽学院（国立音楽大学の前身）出身で、1936年頃にナチス政権下のドイツに滞在中に作曲された『韓国幻想曲』からとったものです。しかも、のちにかなりが『満洲国祝典音楽』に転用されています。この安益泰は越天楽《えてんらく》（雅楽の演目）を編曲したりと、大日本帝国にも協力的だった人です。

国旗の太極旗も、もともとは清国の従属国らしいのがいいと、清国と相談して龍の旗と考えたのですが、爪を少なくしろなどと注文をつけられ、結局、日の丸の色を変えて、周囲に八卦《はっけ》を排したという、パクりにしか見えない紛らわしい旗をつくったのです。

内容になんの問題もない校歌を変える暇があるなら、国旗・国歌こそ日帝残滓を払拭《ふっしょく》されたほうがいいでしょう。朝日新聞の社旗にクレームをつけないのも不思議です。

また、学校のシンボルになっている樹木を「日本時代のものだ」と言って撤去するなどの動きも広まっているようです。桜の木も排除するのかといえばしないのは、「ソメイヨシノは韓国発祥だ」とかいう珍説を信じて思いとどまっているのかもしれません。

いずれにせよ、言いがかりに下手に反対して、「親日派だ」と断罪されるのが怖くて、誰もが反対しづらい状況となっています。社会全体が紅衛兵《こうえいへい》からブルジョワ的と指摘されたら最後、抵抗できなかった中国の文化大革命の時代のようになっているのです。

先日も、韓国の大学での講義で慰安婦について「(売春婦と) 似たようなものだ」と語ったある教授が、「元慰安婦の名誉を毀損した」などと激しい非難を受け、市民団体から告発された上に、捜査を受ける異常事態となっています。本当に恐ろしい話です。

話を学校に戻しますが、「日本統治時代の残滓だ！」などと言い出せば、近代的な学校制度をつくり、各地に学校を建てたのも朝鮮総督府ですが、はたしてどうするのでしょう。

伝統あるほとんどの学校は「日帝残滓」と言えるでしょう。それは放置しておいてもいいのでしょうか。京城帝国大学の伝統を受け継ぐ、ソウル大学も廃校するのが筋でしょう。

さらに、彼らが話す韓国語をとってみても、ハングル教育を始めたのも、漢字ハングル交じり文を創ったのも日本人です。韓国では書き言葉としてはもっぱら漢文が使われていたので、韓国語は書き言葉としてはきちんと成立していなかったのです。

つまり、書き言葉としての韓国語は、日本語における「仮名」をハングルに置き換えただけで成立した言語だといっても過言ではないので、韓国語もおやめになって、李朝朝鮮時代と同じように中国語で公式の文書を書くようにしたらいいのではないでしょうか。

朴正熙が親日派なら文在寅の父親はどうなる

韓国には「親日罪」というとんでもない罪があります。2005年に盧武鉉政権下の韓国で定められた「親日反民族行為者財産の国家帰属に関する特別法」の日本での俗称で、「反日法」とも呼ばれます。

これは、日本統治時代に「親日反民族行為」をした者、およびその子孫が所有する財産

（その行為によって得た利益）を国家の所有とする法律です。日本人と交流したり、親日を公言しただけでこの対象になるわけではありません。

また、誤解されがちですが、「愛国無罪」――つまり「親日家を弾圧しても無罪とする」ような法律でもありませんし、そのような法律は韓国には存在していません。要は「日帝と一緒になって韓国から土地を取り上げた」ことを罪とするものです。

２００７年２月15日には、「合計２７０万坪の土地」を対日協力による不法利得だとして、それらを相続した計41名から没収する手続きを開始すると発表しました。実際、同年５月２日には、韓国併合のための条約「韓国併合ニ関スル条約」を締結した李完用《イワンヨン》（李氏朝鮮末期から大韓帝国期の政治家）の子孫９名から、「１５４筆（約25万４９０６平方メートル。36億ウォン相当、日本円で約４億８０００万円）の土地」を没収する旨の決定を下しています。

「罪刑不遡及《ふそきゅう》主義」という近代法の原則に違反している事後法、あるいは遡及法（ある法律のその施行以前になされた事実にさかのぼって適用すること）ではないかと疑われますし、「連座制禁止」条項や「私有財産保護」の原則を無視して、親族にまで責任が遡及しているのですからひどいものです。

朴槿恵大統領の父親である朴正熙元大統領も満洲国士官学校から日本の陸軍士官学校に留学してましたから「親日だ」と糾弾されましたが、それなら、「朝鮮総督府の下で農業関係の公務員だった文在寅の父親も親日派ではないのか」という声もあるようです。このような考え方は結局、自分たちの首を絞める愚かな行為と言えるでしょう。

日本だけではなく漢江の奇跡まで歴史教科書から抹消

どこの国でも、どこの時代でも、歴史を自分の国に都合良く解釈したり、時代が変われば歴史認識も変化していくものです。

しかし、韓国があったものをなかったものにしたり、なかったものをあったようにしたり、自分の都合のいいように歴史を捏造するのは度が過ぎているのは、前著である『捏造だらけの韓国史』でも詳しく論じたとおりです。

ともかく、1000年以上も常識とされてきたことが、ほとんど数年で180度変わってしまってそれに反対すると非国民扱いになるのが日常茶飯事なのです。

その例として、新羅が百済と高句麗を統一して韓国統一が完成したと高麗時代の「三国史記」以来、認識されていたのが、1957年になって北朝鮮の学者が「満洲で栄えて日本にも盛んに朝貢していた渤海《ぼっかい》も朝鮮民族の国で、統一は高麗の統一をもってなされた」と言い出したら、たちまち韓国でまで採り入れられて、今では統一新羅時代は南北国時代という名になってしまったことがあります。

もちろん、日本への朝貢国だったなどというのは、都合良く無視されていますし、渤海を滅ぼしたのは高麗でなく韓国人とは関係ない契丹《きったん》だというのも同様です。

そして、文在寅政権下では、現在、日本と直接関係のないものまで含めて、保守派の業績も歴史教育から抹消されようとしています。

週刊誌『FLASH』（2019年9月3日号／光文社）がまとめたところによれば、文在寅政権成立後、韓国の教科書記述は以下のような変化があったといいます。

・「李承晩初代大統領の功績を矮小化」……①「大韓民国樹立」を「大韓民国政府樹立」と書き換え（大韓民国は1919年に李承晩らによって創立されたが、1925年に李承晩を追放し重慶などで活動していた）、②「（1948年に韓国が国連で）朝鮮半島における唯一の合法政府として承認」を北朝鮮に配慮して排除

・「朴正煕政権の光は抹消し影だけを強調」……①「維新体制」を「維新独裁」とする、

②「農村を発達させるセマウル運動を展開した」を削除、③「韓国の輝かしい経済発展をドイツのライン川の奇跡に例えて作られた言葉」と解説されていた「漢江《ハンガン》の奇跡」を削除

・**「従軍慰安婦問題を客観性を欠く虚偽の内容に」**……①「若い女性たちが、日本軍から多くの苦痛を受けた」という表現だったのを、「韓国の女性だけでなく、日本軍が占領した地域の女性たちまでもが、強制的に日本軍の慰安婦として連れていかれ、ひどい苦痛を受けた」と修正

・**「北朝鮮への過度の配慮と粉飾」**……「北朝鮮が南侵」を削除、「依然として朝鮮半島の安全と平和を脅かしている」も削除

そうしたところ、今年の8月下旬になって、南米のボリビアから面白いニュースが届きました。韓国系牧師のチョン・チヒョン氏が、この10月のボリビア大統領選挙に野党キリスト教民主党の候補として出馬するというのです。

チョン氏は、インタビューで「韓国を経済大国にした協働・勤勉・自立の精神に基づいて、キャンペーンを行う計画だ。ボリビアの豊富な地下資源とセマウル精神が結合すれば、早期に先進国入りできるだろう」と抱負を明らかにしたといいます。

かつて韓国政府は、アジア・アフリカの途上国における農村近代化運動支援事業として

「セマウル運動（新しい村）」の実践指導を始め、成果を上げていました（民団新聞2013年11月6日）。しかも、2013年には「セマウル運動記録物」がユネスコ（国際連合教育科学文化機関）が推進する記憶遺産に登録されています。また、パラグアイでもセマウル運動は模範とすべきものと評価されています。

しかし、文在寅大統領は教科書から「セマウル運動」を削除したように、これをなかったことにしようとしています。なぜなら、**セマウル運動のモデルとなったのは、1930年代に朝鮮総督府の宇垣一成総督が進めた農村振興運動だったからです。**「積弊清算」政策を進める文政権としては消し去りたい過去なのでしょう。

いずれにせよ、世界的に評価されている運動にもかかわらず、朴政権が進めたということだけでなかったことにするのはいかがなものでしょうか。

韓国人はなぜ北朝鮮にコンプレックスがあるのか

文在寅政権の迷走ぶりはかつてないほどエキセントリックに感じますが、韓国ではこうした迷走は何も突然始まったものではありません。

戦後の大韓民国が反日を国是《こくぜ》にして成立して以来、どの政権の時でも国民は潜在的に北朝鮮に対するシンパシーを持っていて、文在寅はそれを極端な形で生々しく示しているだけなのです。

ヨーロッパの問題について詳しい人でも、南北朝鮮の関係をかつての東西ドイツとよく似たものだと勘違いしている方がいますが、それは朝鮮半島の問題に対する根本的な無理解の結果だと思います。

そのあたりについて私は、フランスに留学してENA（国立行政学院）でフランスの官僚としての教育を受け、東西ドイツ統一直後にヨーロッパ勤務をし、帰国後、当時の通商産業省で朝鮮半島問題の責任者だったのですから、日本人の中では、かなりよく問題を理解で来ているひとりだと自負しています。

ちなみに、ENAでは外国人留学生の半数はドイツ人に割り当てられていました。仏独は今や外務省の課長クラスの人事交流までしているのです。

まず、人口規模でも東西ドイツは1対4でしたが、南北朝鮮は2対1です。ですから、西ドイツはなんとか東ドイツを経済的に吸収しましたが、朝鮮半島でそれは無理でしょう。

ドイツでは政治的にも、西ドイツの制度で自由選挙を行い、西ドイツの政党が東ドイツの選挙区でも候補者を立てて勝利しました。しかも、東ドイツでは選挙の前に東ドイツの体制は崩壊して民主派が主導権を取っていたのです。

ところが、南北朝鮮の人口比と、現在の議論では北朝鮮の体制は統一まで維持されるということになっていること、さらに、北朝鮮での投票率の高さなどを考えると、大統領選挙で過半数も要求されていないことを考えれば、**仮に金正恩と文在寅と韓国の野党候補で選挙になれば、金正恩が当選することは間違いありません**。あるいは、金正恩が支持する傀儡《かいらい》の南北統一派候補でしょう。

また、東ドイツは西ドイツに比べていいことなどほとんど何もありませんでした。あるとすれば、軍隊の規律がプロイセンの伝統を引き継いでしっかりしていたとか、国際化された西ドイツのオーケストラに比べて、東ドイツのほうが伝統がよく守られていたとかいうようなことです。カラヤン＝ベルリン・フィルの垢抜けた音に対して、コンヴィチュニー指揮のライプツィヒ・ゲヴァントハウス管弦楽団やベルリン国立歌劇場の古色蒼然たる演奏は、それはそれで魅力的ではありました。

しかし、政治面でも経済面でも生活面でも、「東ドイツのほうがいい」という人はほとんどいませんでした。

私も東ドイツには出張でライプツィッヒに行ったこともありますし、留学時代には、西ベルリン市の招待旅行で「フランスの公務員」としてベルリンに滞在し、フランス人と一緒に東ベルリンをかなり丁寧に観察して回ったことがありますが、とても寂しく哀れなものでした。森鴎外の『舞姫』でその光芒《こうぼう》が美しく描かれているウンデルデンリンデンの大通りにほとんど人通りもなく、ソ連軍の兵士に守られた慰霊施設だけが強烈な印象でした。

軍事的には、西ドイツには英仏米の三カ国軍が、東ドイツにはソ連軍がいましたが、ソ連軍の支配のほうがより直接的でした。

外国人向けのレストランの料理は、全国一律に政府が決めているようで、どこでも同じようなメニュー。なぜか、燕の巣のコンソメがどこでも出てきました（中国からでも輸入品がたまたまあって放出したようでした）。

こうした東ドイツに対して、北朝鮮はそうも割り切れない部分があります。なぜなら、**1970年代までは経済的には北のほうが豊かだったからです**。北朝鮮では、1946年に農地改革をして、有無を言わせず、地主から農地を取り上げ農民に配分しました。

財産権を無視した乱暴なものでしたが、経済的には合理性があり、農業は活性化しました。工業も日本が残したインフラを社会主義的な手法で上手に活用しました。ひとことで言えば、「社会主義は少し乱暴だがとりあえず社会経済を機能させるには向いた体制」なのですが、そのいい面が出たわけです。逆に言えば、資本主義はそれが成熟するまでは、なかなか上手に機能しないのです。

そして、韓国は米軍の下で半独立国のようなものだったのに対して、北朝鮮は自主独立で外国軍隊の駐留もありません。朝鮮戦争でも、北朝鮮は自力で戦い、だいぶ経ってから中国の義勇軍の応援を得ましたが、韓国はあっというまにソウルを陥落されて、韓国政府は多くの人々が必死に渡ろうとしている漢江の橋を爆破して南に逃げてしまい、反撃の主役は日本の協力も得た米軍でしたし、今も米軍が駐留しているのは周知のとおりです。

国民の自由度についても、北はたしかにひどいものですが、李承晩政権の下での南の人権状況も決して褒められたものでありませんでした。世界外交の舞台では、北朝鮮は非同盟諸国の雄として相当の力がありましたし、朝鮮戦争ではアメリカ帝国主義と互角に正々堂々戦ったという栄誉に輝いていたのです。

何しろ、**コリアン民族は歴史において栄光とは無縁の隠者の国でした**。新羅の時からずるくに立ち回って上前《うわまえ》を上手にハネることは時々ありましたが、いってみればその程度です。高句麗や渤海はそこそこ頑張って国際的にも存在感がありましたが、中国にしてみれば、両国ともコリアンとは関係のない、中国の少数民族が打ち立てた国々です。公平に見ても、中国の言い分に分があります。

こうしたこともあって、戦後から長い間、**南の人も北朝鮮の政治的栄光をうらやましく思い、場合によっては応援してきたのです**。それがコンプレックスの源になっています。

日本との関係で言えば、南の李承晩は同胞の日本からの帰国を拒否し、朴正煕は日本の「植民地支配」の責任を曖昧《あいまい》にしたまま国交を結び、それで経済建設に成功しました。しかし、「日本のおかげで発展した」など口惜しくて言えませんでした。

一方、北朝鮮は在日同胞を南朝鮮出身者まで含めて喜んで迎え入れる帰還事業を実行しましたし、日本で朝鮮学校を経営して民族教育もしっかり行いました。

こうした経緯から、1980年代になって南のほうが経済的に豊かになったとしても、貧しくとも誇り高い北に頭が上がらなかったのです。

「日本のおかげで北に勝った」とは言えない韓国の悩み

日本では、拉致問題が発覚してからは北の評判が悪くなりましたが、コリアン同士では南北朝鮮両方がお互いに拉致をし放題でしたから、そのことをもってして「北は悪者だ」ということにはなりませんでした。

当時、マスコミ各社の代表が北朝鮮を訪問して大絶賛のルポを書きました。花田紀凱さんが発掘して紹介するところでは、「天声人語」で有名な朝日新聞の入江徳郎氏は1959年12月25日の「『驀進《ばくしん》する馬』北朝鮮　よく働く人々」という記事でこう書いています。私のほうで簡易的にまとめてみました。

「北朝鮮の経済建設のテンポはものすごい。（中略）5ヵ年計画を2年も短縮して今年度中に超過達成しますと言う勢い（中略）鉄、電力、セメント、化学肥料や穀物の人口一人当たりの生産量は日本をしのぐ」

「工場も8時間労働で昼夜2交代。機械はフルに動いている（中略）日本が経営していた頃の2倍半の生産高」

「こんなに働いてみんな不満はないのかと聞くと、ある人はこういった。『冗談じゃあない。働けば働くほど生活が目に見えてよくなる。ぼろぼろの家から近代的アパートに移れた。家賃がタダみたいに安い。米もタダみたいだ』」

「働けば食えるようになった北朝鮮に、他国で苦労している同胞を引き取って一緒に働こうと言う気持ちが今度の帰還」

ただし、こうした見方を私は、いわゆる保守派の人々ほど全面的に否定しようとは思いません。なぜなら、この記事が書かれた1959年の時点では、資本主義はかなり病んでいたからです。

この入江徳郎氏らが参加した記者団の書いた『北朝鮮の記録―訪朝記者団の報告（1960年）』にはこんなことも書いてあります。この記者団は、香港、北京経由で北朝鮮に入ったのですが……

香港、北京、平壌という三つの都市を比較出来るという利点もあった。豪荘な邸宅と、イワシの缶詰を積み重ねたように天井の低い部屋に貧困者がぎっしりつまっている難民アパートが鋭い対照を見せている香港、公私合営の商店や古い屋並みも残っている北京、それと朝鮮の民主首都（朝鮮では南北の統一が出来るまでの仮の首都としてこう呼んでいる）平壌を三つ並べてみるとそれぞれの違いが一層はっきりした。

当時は、発展途上国にとって、資本主義か社会主義がどっちが希望たりうるか自明ではありませんでした。それなのに資本主義の勝利となったのは、日本が産業政策による産業育成策を講じつつ、段階的に貿易・資本の自由化もする政策ミックスに成功して高度経済成長を実現し、それを韓国が真似て「漢江の奇跡」を実現し、ほかのアジア諸国もそれに続いた結果と言えるでしょう。

しかし、日本の元軍人の指導者の下で、多大なる経済協力を受け、日本を真似して北朝鮮に「勝った」というのは、韓国人にとって複雑な思いであるし認めたくない歴史でもあるわけです。そこが、困った、難しいところなのです。

誰が指導者になろうとも「親日」にはならない韓国

先述の『捏造だらけの韓国史』では、韓国の歴代大統領の政治姿勢を検証するとともに、北朝鮮の意外な手強さにそれぞれ一章を割きました。本書では、南北の関係に絞って、簡潔に振り返ってみましょう。

李承晩から朴正煕、全斗煥、盧泰愚までの大統領の時代は、朝鮮戦争を戦った当事者だったので、北を敵視することが国家体制としては無条件の正義でした。そこに疑問を挟む余地はないですし、北と軍事的に対峙する現実があったのです。

また、朴正煕から盧泰愚までは日韓経済協力なくして経済がもたないという事情がありました。ところが、**金泳三が大統領になると、反日が政治的に便利な看板となります**。そして、金大中になると北との関係構築が政治的な目標となりました。ただし、金大中はその経歴から日本やアメリカには恩義がありましたし、政治的な基盤の強さがあったゆえに、反日を持ち出す**必要**がなかったのです。

そして、盧武鉉になると、日本の野党系勢力や二世リベラル系マスコミの示唆にのったという面もあると思いますが、**「反日無罪」的な空気の中で反日がむき出し**となり、それでアメリカ、中国、北朝鮮、ロシアを束ねられるような幻想に酔うようになりました。

また、大阪生まれの李明博は北との対決姿勢を見せ、最初こそ日本と現実的な関係を結ぼうとしましたが、日本側の民主党政権の時期に重なるという不運がありました。悪気はなかったと思いますが、慰安婦問題や天皇訪韓について妙な期待を抱いたものの成果が上がらず、野田佳彦首相の稚拙な外交もあって、最終的には竹島上陸という禁断の実を食べてしまいました。

次の朴槿恵大統領の場合、父親の朴正煕が親日派だと見られる十字架を背負っていたこともあるので、李明博との違いを対北融和に見出そうとしました。

そして、現在の文在寅となると、北朝鮮は悪くないと本気で思っています。北朝鮮からの避難民の息子として生まれた文在寅は、**実は身も心も北朝鮮の人であると考えれば、国際的な常識を無視した彼の言動も理解できなくはありません。**

国民の「言論の自由」「宗教の自由」を完全に奪い、反対する者は容赦なく粛清する独裁国家・北朝鮮に文在寅政権が擦り寄って、甘いのは困ったものです。しかし、北朝鮮に甘いのは、日本のいわゆる〝リベラル勢力〟だって同じではないでしょうか。

文部科学省の事務次官を務めていた前川喜平とかいう男が、その在任中を通じて、政府の方針に面従腹背《めんじゅうふくはい》をしながらも、拉致問題も承知の上で、北朝鮮系の人々の利益を図ることを厭《いと》わなかったのは恐ろしいことでした。

このように過去を振り返って見れば、文在寅は何も突然変異などではありませんし、文在寅がいなくなったところで、日本に好都合な政権が誕生するはずもありません。

そういう中では、韓国側に北の人権状況のひどさや独裁ぶりを訴えたところで、アメリカやヨーロッパの国から厳しいお灸を据えられない限り、日本が何を言っても理解されることはないでしょう。

そんな無駄な努力を払うくらいなら、日本国内の偽リベラル退治をして、日本から韓国内の親北勢力への支援をやめさせる努力をしたほうが、よほど効率がいいはずです。

「大韓民国」はいったい、いつ成立したのか？

「大韓民国の建国はいつ？」

こう質問すると、多くの日本人は「戦後」、あるいは「1948年」だと答えることでしょう。しかし、韓国人の主張は違います。日本人には馴染みがない主張ですから、少し説明しておきたいと思います。

大韓民国の憲法前文には、「大韓国民は三・一運動で成立した大韓民国臨時政府の法統」を継承すると書かれています。つまり、1919年に朝鮮全土で勃発した「三・一独立運動」を受けて、李承晩らによって上海で設立された臨時政府に国家としての起源を求めているわけです。

特に、文在寅政権は戦後における保守派政権を軽視する立場から、この臨時政府にルーツを求める考え方に固執しています。

韓国では、1910年の日韓併合は無効で、1919年までは空白期、そしてそれ以降は大韓民国臨時政府が存在していて、日本に対して宣戦布告もした（日本にそれを通告はしていませんが）ので、第二次世界大戦の戦勝国であると称しています。しかし、そのような主張は世界各国から相手にされるはずもなく、朴槿恵政権で編纂された国定歴史教科書の検討本では、1948年を「大韓民国樹立」としていました。

ところが文在寅大統領は、ソウルで開かれた2017年の光復節（8月15日）式典で、「2年後の2019年は大韓民国建国と臨時政府樹立100年を迎える年」と発言。さらに同年12月、臨時政府が上海から移って活動していた重慶の故地を見学に訪れました。文大統領は重慶の「大韓民国臨時政府」庁舎跡を視察し、「臨時政府は韓国の根っこだ」と発言して、韓国は中国での抗日活動を継承した国家だと強調したのです。

そのため、2019年の3月1日は三・一独立運動百周年を国家的なイベントと位置づけ、大規模な反日キャンペーンを展開することが予想されました。

しかし、前日までベトナムで行われていたトランプ米大統領と北朝鮮の金正恩の2回目の米朝首脳会談に世間の注目が集まり、韓国の動向はかき消されてしまったのはご存知のとおりです。

三・一運動による混乱がまだ続いていた1919年4月13日（11日という人もいます）、上海では李王家傍流（ハングルを創った世宗の兄の子孫）である李承晩らが大韓民国臨時政府を樹立しました。当時の世界でも朝鮮でもそれほど注目されたわけではありませんし、李承晩は1925年に大統領を解任されてアメリカで活動を始めることになります。李承晩とは別に、臨時政府は金九《キムグ》ら左派の一部が重慶で蒋介石の庇護《ひご》の下、細々と活動を続けていただけに過ぎません。

しかも、金九ら臨時政府の人々は、在外朝鮮人から金品を集めて腐敗堕落した生活を送り、金日成《キムイルソン》らの抗日武装闘争を妨害した集団と北朝鮮からは見られています。三・一運動のあと、朝鮮半島ではおおむね安定した統治が行われていたこともあって、李承晩などこの時期には一度も帰国すらしていません。ところが、戦後になってアメリカに亡命していた李承晩をアメリカが政権に就けたことから、「臨時政府が大韓民国の建国である」などという空想的歴史観が生み出されたわけです。

サンフランシスコ講和条約の時も、韓国は「戦勝国として参加させろ」と騒ぎましたが、もちろん連合国から相手にされず、その腹いせもあって竹島を占拠したのです。

たしかに、現在の韓国の憲法前文には、「大韓国民は三・一運動で成立した大韓民国臨時政府の法統」を継承すると書かれていますが、あまり現実的な意味はないということで、朴槿恵政権の下では１９４８年をもって「大韓民国樹立」としていたのです。

ところが、文在寅大統領は、それに対抗する意味からも、この臨時政府、それも上海より重慶での活動を評価することで、反日キャンペーン、媚中活動、そして国内における反保守勢力の歴史観への戦いの道具にしたがっているのです。

ただし、こういう考え方は金正恩から鼻であしらわれ、式典への招待も相手にされませんでした。なぜなら、彼らからすれば、金日成の抗日パルチザンだけが抗日闘争なのであって韓国臨時政府などという銭ゲバで、しかも、金をめぐって内ゲバばかりやっていたゴロツキの価値など認めてないからです。

三・一独立運動のきっかけとなった高宗の死

三・一運動そのものは、最後の朝鮮国王にして最初の大韓皇帝であった高宗《ゴジョン》の死を発端《ほったん》とします。高宗は1863年に朝鮮国王に即位し、1897年には大韓皇帝となりましたが、日露戦争後に保護国化の不当を訴えた「ハーグ密使事件」を起こして退位させられていました。

日清戦争の頃までは、実父の大院君《だいいんくん》と正妃の閔妃《ミンピ》の争いを傍観するしかなす術《すべ》がなかった高宗ですが、その後は強まる日本の影響に対抗するために、稚拙にもロシアと手を結んだこともありました。それが日露戦争の原因となり、日本の保護国化を促進させた暗君です。閔妃は、大院君と日本公使の三浦梧楼《ごろう》の一派に暗殺され、その後、高宗と閔妃との子である純宗《スンジョン》（李王）が最後の大韓皇帝となりました。純宗には子がなく、弟で継室の厳妃の子である李垠《イウン》が最後の皇太子となりました。

李垠殿下は日本の皇族の梨本宮方子《まさこ》と結婚することになり、有力者がすべて東京に出発した時期、66歳で高宗が脳溢血で急死してしまいます（1919年1月21日）。

高宗はこの結婚を非常に喜んだといいます。明治政府は李王家に不満を持たせないよう厚遇しました。琉球の尚王家は侯爵《こうしゃく》（伯爵の上、公爵の下）でしたが、本来はそれと同格にもかかわらず、李王家は二段階上の皇族待遇でしたし、古代における百済王家は最高位で百済王敬福の従三位刑部卿ですから、それと比べても破格の扱いだったのです。

純宗は病弱だったこともあり、李垠が無事で子孫を残し、また日本から然るべき待遇を得られるかが高宗にとって最大の関心事だったのですから、皇族との縁組みほどそれを確実にするものはありませんでした。

高宗は、李王家の将来と自分のＤＮＡの安泰を保証するこの結婚を歓迎していたという証言がたくさんあるのですが、あまりにタイミングが良過ぎる死だったゆえに、「高宗が李垠と日本の皇族との結婚という要求を拒絶したために毒殺された」とか「自殺した」といったデマが流されてしまったのです。

また、高宗の国葬は日本式を基調として行うこととなり、これがまた大きな反発を招きました。それまでにも、断髪令を機に大暴動が起きるなど、朝鮮では日本でよりも文明開化には強い抵抗があったのは毎度のことです。

パリ講和会議を控えたムードに後押しされた三・一運動

この時期の時代的な背景を見てみると、清国では「辛亥《しんがい》革命」（１９１１年）が、ロシア帝国でも「ロシア革命」（１９１７年）が起きるなど、大帝国を瓦解《がかい》させるほど民衆の力が大きくなっていました。

また、「パリ講和会議」（1919年1月18日〜）が開始されていた時期にも重なり、特に米国大統領のウッドロー・ウィルソンが唱える民族自決の呼びかけが世界中の被支配民族に勇気を与えていました。

もともと、第一次世界大戦の敵国だったハプスブルク家のオーストリア・ハンガリー二重帝国やオスマン帝国の分裂を引き起こそうというのが動機でしたが、実際には味方のはずのロシアで革命を起こさせ、イギリス支配の下にあるインド人に火をつけ、列強各国に切り分けられて半植民地状態にあった中国人を覚醒させ、同盟国日本の支配下にある朝鮮人に「独立」という夢を見させたのです。

そして、日本国内でも「大正デモクラシー」の時代であり、朝鮮人の主張に理解を示す素地がありました。のちの三・一運動についても、吉野作造、宮崎滔天《とうてん》、石橋湛山《たんざん》、柳宗《やなぎむね》悦《よし》などのように共感を示す日本人も多かったのです。

東京では朝鮮からの留学生らが中心となって、神田のYMCA会館で1919年2月8日に「独立宣言」が採択されており、そのニュースは朝鮮にも届きました。

そこで、3月3日に予定されていた高宗の葬儀に合わせた非暴力の独立運動が企画されました。ただし、旧思想や旧支配層への回帰ではないことが明確にされ、日本との友好関係の樹立も含まれる穏健なものでした。

予定では、3月1日に京城（現在のソウル）のパゴダ公園（現タプコル公園）で「独立宣言」を読み上げることになっていました。しかし、騒動になることを怖れ、泰和館という料理屋において33名の出席者だけで宣言を朗読して万歳三唱をし、そののち彼らは店主に電話で警察に連絡してもらい、自首して逮捕されたのです。

ところが、計画の変更を知らない群衆がパゴダ公園に集まって市内をデモ行進し、人数も数万人にまで膨張。さらに、運動は半島全体に広がって数カ月も続き、警察、村役場、小学校が襲われて放火や殺人も起きてしまったのです。

ただし、総督府も東京の日本政府も、予想外の規模とはいえ、落ち着いて対応し、1万2668人が逮捕されるもの重罪としては扱いませんでした。

この事件で懲役15年以上の実刑になった者はなく、3年以上の懲役が80人でした。そして、朝鮮総督府はむしろ主導者たちの抱き込みを図り、独立宣言を書いた李光洙《イグァンス》はのちに親日派に転向して東亜日報の編集長や朝鮮日報の副社長となり、創氏改名の促進キャンペーンの先頭に立つことになります。

根拠ゼロの反日プロパガンダ犠牲者数字を載せる日本の教科書

この騒動の渦中でいくつかの残念な事件があったことは事実で、日本人警察官殺害の容疑者を集めて取り調べ中に暴動が起こり、逮捕者たちを射殺したり、騒動の余波で火事が起きて、数十人の犠牲者が出た「堤岩里《ていがんり》教会事件」が有名です。

ただし、死者数357人が朝鮮総督府の公式発表ですが、「7509人」という死者数が一部の日本の教科書にまで使われているのは問題です。これは、上海に亡命していた朴《パク》殷植《ウンシク》が「真相はわからないが」という断り書きつきで書いたプロパガンダの数字であって、南京で30万人を大虐殺したとか性奴隷が20万人いたなどと同じように、この数字には何の根拠もないのです。

韓国の人はまだしも、事実に基づいて語られたわけではないデタラメな反日プロパガンダであることが明白な数字を日本人が教科書にまで書くのは許せないし、それを許している文部科学省には抜本的な改革が必要です。せいぜい、「公式の犠牲者数は357人だが、確実なことはわからず、韓国ではもっと多かったと疑っている」というくらいにすべきでしょう。３５７人が最低の数字であることは間違いないですし、実際にこれだけの死者が出ていることは事実ですが、それとかけ離れた大量の死者が出たと考えられるような根拠は何もありません。

この暴動が大規模になった理由として、先ほど触れた時代的な背景が挙げられます。それとともに、日韓併合のあと大きな抵抗運動もなく、〝ガス抜き〟ができてなかったという理由もあります。同じ日本の「植民地（そういう表現が適切かは別として）」でも、台湾の場合は編入の時に強い抵抗があり、１万人を超すと言われる死者が出ましたが、そののちは安定しました。

朝鮮では併合の時もさほどの不満爆発がなく、マグマがたまったような状態にありましたので、それが高宗の葬儀を機に爆発したと言えます。

逆に言えば、この三・一運動とそれに対する日本政府と朝鮮総督府の適切な政策変更のおかげで、日本の朝鮮統治は「雨降って地固まる」ことができました。これ以降、日本統治に対する抵抗はほとんどなくなったのです。

大韓民国における建国の捏造史観から距離を置いて冷静に見れば、当時の日本政府の三・一運動に対する模範的な対応こそが、日本の朝鮮統治を安定させ、実り多いものにした契機となったと言えます。

この三・一運動の時の日本の首相は、「平民宰相」と呼ばれ、今もリベラルな人たちにも人気がある原敬《はらたかし》でした。

実はこの原敬こそ、外交官だった時代から、1921年に東京駅乗車口で暗殺されるまで、継続的に半島政策におけるキーパーソンのひとりだったのです。

立憲政友会を率いて本格的な政党内閣を組織した原敬は、政党政治家としての印象が強いのですが、もともとは外交官でした。

生家は盛岡藩士ですが、先祖をたどると近江の浅井長政の一族で、讃岐高松城主となった生駒氏に仕え、生駒氏の改易後に南部氏に再就職しています。時期により変動がありますが、石高は100石以上で、家老クラスの役職に就いていたこともありました。

原は、明治になって司法省法学校（のちに東京大学に吸収）でフランス法を学んでいましたが中退し、新聞記者を経て外交官となりました。天津、パリなどの勤務を経たのち、陸奥《むつ》宗光外相の下では外務次官も務め、日清戦争後の1896年に朝鮮駐在公使となりました。

ところが、肌が合わない大隈重信が外相となったことから退官し、大阪毎日新聞社社長となります。その後、伊藤博文の立憲政友会の創立に参加し、内務大臣などを歴任したのち、1918年から21年まで首相を務めました。

原敬の海外領土経営の哲学は徹底した同化策で、台湾についても内地法を適用する「内地延長主義」を主唱していました。一方、現地の慣習などを尊重したほうが効率的だという考えも否定したわけではなく、第4代台湾総督である児玉源太郎には、内務官僚・後藤新平を民政長官として台湾の慣習を尊重した統治を行わせ、それなりに成功しています。

外交官としてフランスに勤務経験のある原敬は、文明化を図るフランス方式を好み、植民地での教育もフランス語だけで行いました。一方、後藤らはイギリス式の現地主義、分割統治による特別統治主義を好んだのです。

現代日本では台湾での経験を重視しているために、現地習慣重視主義が高く評価されています。しかし、琉球処分ののち、しばらく琉球王国時代の慣習を尊重した沖縄県では近代化が進まず、元米沢藩主の上杉茂憲《もちのり》が県令として内地延長主義に切り替えてから成功し、それが高く評価されています。つまり、どちらが正しいとも言えないですし、そもそも二者択一であるわけではないのです。

日韓併合慎重派の伊藤博文を暗殺した安重根のピント外れ

明治政府が朝鮮半島を支配したかった理由は、朝鮮半島が中国やロシアの領土になったり、あるいはその傀儡国家になったりして、日本の安全を脅かすのを避けるためでした。「収奪が目的だった」などということはありえません。そもそも朝鮮には、収奪したくなるような天然資源もなければ、豊かな農業もありませんでした。

日本が朝鮮に願ったのは、独立国であるにせよ併合するにせよ、朝鮮が経済的に発展して、人心が安定することだったのです。

そして、日本としては、李王家が自ら日本のような近代化路線を採用してくれることを望みましたが、それは彼らにとって魅力的ではありませんでした。李王朝としては立憲主義によって権力を制約され、贅沢ができない明治天皇のようにはなりたくないと思ったのですから仕方ありません。

日本の援助で創設された近代的軍隊が旧式軍隊に追放された「壬午事変《じんご》」（1882年）がケチのつき始めとなりましたが、福澤諭吉に私淑した金玉均《キムオッキュン》の追放と暗殺など、王朝側から何度も改革の芽が摘まれてきましたし、列強国を天秤にかけて紛争を創り出してきました。その結果、日清・日露戦争が起きてしまったわけで、英米などの支持を得て朝鮮を日本の保護国とし、朝鮮統監として伊藤博文が乗り込んだのです。

伊藤博文は、併合すると内地と同等の生活水準などを目指す必要が出てくるので、コストに見合わないとして併合には消極的でした。

この伊藤の下で、1907年に副統監となったのが、やはり長州出身でフランスに留学し、駐仏公使も務めた曾禰荒助《そねあらすけ》（外相など閣僚を歴任）です。そして、1909年6月には曾禰が第二代の統監となりましたが、その直後の10月、伊藤博文はハルビンで安重根《アンジュングン》に暗殺されてしまいます。

伊藤は、目賀田種太郎《めがたたねたろう》を財政監査長官として招き、日本からの借款で進めたインフラの近代化は誠に優れたものでした。まず重点政策として、学校の建設を大至急で進めさせました。日本の法律の適用を進めたことが批判されますが、外国人にも課税するために条約改正交渉を早く実現するためだったのです。

しかし、相変わらず朝鮮の守旧派の抵抗は強く、また親日的な人々の間でも党派争いが激しいこともあり、安定した近代化を推進できる基盤は容易につくれない状態でした。そうした中で、1909年の初めには伊藤も併合を是認したのです。

ただし、朝鮮議会を設けるなど、イギリスの中でのアイルランドのように、帝国内の自治領的な形を構想していました。

ところが、安重根が伊藤を暗殺したことで日韓併合が早まり、自治も認めないものとなってしまいました。陰謀史観的に勘ぐれば、「安重根の背後には統合推進派がいたのではないか」と言いたいくらい愚劣でした。

これに先立って、曾禰は胃ガンによって辞任し、後任には長州出身の軍人である寺内正《まさ》毅《たけ》が就任し、そのまま初代の朝鮮総督となりました。

寺内や、その後任で岩国藩出身の陸軍軍人・長谷川好道《よしみち》は、ある種、強圧的な統治を行いましたが、日本語を理解する住民の割合が低く、少ない兵力で治安を維持するためにはやむを得ませんでした。

しかし、9年後の三・一運動の頃までには、教育も普及し、警官や官吏として使える朝鮮人も増えるとともに、不平士族的な両班の力も衰え、朝鮮人を登用した近代的な統治機構を構築できる条件が揃っていました。

朝鮮人も良き皇民にという原敬や斎藤実の思想

寺内正毅の後任として朝鮮総督に就任していた長州出身の軍人・長谷川好道は、在任中に起こった三・一運動に対し、大部隊を送り込んで物量作戦で鎮圧したことから批判されますが、少人数で鎮圧しようとすれば手荒にするしかなくなるので、おかしな批判です。

原首相は三・一運動を受けての改革の一環として、総督を現役の軍人でなくともよいことにします。そこで白羽の矢が立ったのが、元海軍大臣で予備役になっていた斎藤実《まこと》です。アメリカ留学と駐在武官の経験がある国際派でした。

斎藤実は、先に出てきた後藤新平やその甥の椎名悦三郎と同じ仙台藩領水沢（岩手県奥州市）の出身で、そこは現在、小沢一郎氏の地元となっています。仙台藩では家老たちがミニ城下町を営んでおり、水沢もそのひとつでした。斎藤は、海軍兵学校で薩摩出身の仁礼景憲校長に見出されてその娘婿となりましたが、それは原が薩摩の中井弘の娘婿だったことと共通した立場でした。盛岡も仙台も「戊辰戦争」では賊軍でしたが、彼らは明治体制の中で堂々とのし上がって勝ち組になったわけです。

そういう経緯があったからこそ、原敬は**「戊辰戦争では賊軍であった立場の自分が総理にまで登り詰めたのだから、平等な機会さえ与えられたら、朝鮮の人々もよき皇民になれる」**という信念を持っていました。

何しろ、この頃の原敬は山縣有朋《やまがたありとも》からすら全幅の信頼を勝ち得ていたのです。皇太子洋行を積極的に推進したことで保守派の怨みを買ったのはこのふたりであり、それが原の暗殺につながった可能性もあります。あるいは、原と山縣が連携したことが会津藩関係者などから裏切りと見られ、暗殺につながった臭いもします。

原が暗殺された時、山縣は「あれだけの男をむざむざ殺されたのでは国はたまったものでない」と嘆いたほどです。両者は、本当の意味での現実主義的国際派であることにおいて共通していましたし、このふたりを失ったことが昭和の迷走の原因となったのです。

伊藤博文と原敬は、政友会の同志ではありますが、伊藤のほうが理想家肌で楽観主義でした。第一次西園寺公望《さいおんじきんもち》内閣で内相だった原敬と伊藤との有名な会話として、伊藤が李垠皇太子について「なかなか利口」としたのに対して、原が「朝鮮人は子どものうちはだいたい利口であるが成年以上になると馬鹿になるから期待しないほうが良い」と、今ならヘイトだと言われるような言葉で露骨に言ったという逸話が残っています。

このふたりは、日韓併合は避けるに越したことはないという点では一致していましたが、原のほうが併合やむなしというニュアンスが強く、伊藤のほうは併合しても自治を認めるべきだとしていたのに対して、原はそれには賛成ではありませんでした。

そして、併合が実現した翌年の1911年に、原は漢字ハングル交じり文の創始者として知られる井上角五郎《かくごろう》に対して、朝鮮人への日本語教育を急ぎ、地方自治に参加させ、いずれは国政への参政権を与えたいと言っています。本土から約20年遅れですが、1912年から沖縄において参政権が与えられることになったことも念頭に置いたものです。

朝鮮総督府は朝鮮人のプライドを満足させることに注力

現実の日韓併合後の朝鮮統治は、いずれ自治を与えるような方向に進むのか、同化させるのか、明確な哲学なしに進んでいました。

現実に日本語を理解する者の割合が少なかったこともありますし、治安を維持するにはある程度は強圧的にいかざるを得なかったためです。

しかし、三・一運動の頃になると、同化政策を取り入れるだけの余裕が出てきたことと、また三・一運動の鎮圧によって大きな反乱の目がなくなったために、原がかねてより推進したかった同化政策を本格的に実施する条件が整っていました。

こうした原の意向を汲んで、三・一運動以降の「文化統治期」には朝鮮人を主力にした警察制度が整備されて、地方レベルにおける民主的選挙の実現や積極的な経済開発が行われ、言論と結社の自由も大幅に緩和されていきます。

すでに併合直後に奴隷身分を廃止した戸籍法を施行し、1923年には戸籍における旧身分の記載も廃止しています。明治維新と同様に、明治体制は朝鮮において封建的身分社会を解消するのに最も熱心であり、ナポレオン軍がドイツなどの占領地域で果たしたのと同じ貢献をしたのです。

三・一運動において、光動教など宗教団体が大きな役割を果たしたのは事実ですが、あえて強い弾圧はせずに、地下に潜られることのないように配慮しました。また、1920年には「東亜日報」「朝鮮日報」「時事新報」といった朝鮮語新聞を許可して、言論を通しての批判にも寛容で、朝鮮独立の可能性などを論じても、ただちに抑圧されるようなことはありませんでした。これによって三・一運動の指導者たちの取り込みを図り、批判勢力の穏健化に成功しています。

教育の充実も急速に進められ、ことに1924年には京城帝国大学が創立されています。はじめ学生の過半は日本人でしたが、それは朝鮮における初等中等教育の充実により解消される性格のもので、実際にそうなっていきました。

朝鮮の文化の保護にも力を入れ、民族的な自尊心を満足させるために古代における日朝の文化交流も称揚されましたが、**この時に必要以上に半島の貢献を持ち上げたことが、前述したように今も残る歴史認識の歪《ひず》みにつながっているのです。**

農業や工業の改良も進み、平均寿命や人口も大幅に伸びました。

日韓併合から終戦までの間、経済社会の近代化が徹底して進められました。朝鮮の人たちのメリットになりましたが、あらゆる近代化と同じように、旧支配層や変化の早さについていけない人などを中心に不利益を受ける人もいましたから、不幸があるのは当然です。

こうした施策の結果、日本の朝鮮統治は安定し、1945年の終戦まで大きな混乱もなく推移しました。『日本の朝鮮統治を検証する』（ジョージ・アキタ　ブランドン・パーマー／草思社）に引用されている警察の調査（1936年）によれば、11・1%が「反日的」、14・9%が「改善を望む」、37・7%が「満足」、36・1%が「意見なし」となっています。

また、独立に関しては、「独立希望」は8・1%、11%が「いずれ独立すべき」、32・6%

は「独立断念」、48・3％が「意見なし」だったといいます。半数近くが意見がないことに驚くとともに、こうした調査が可能だったこと自体に驚きを禁じ得ません。

統合を進めるか自治と独自性を尊重するかは永遠の課題

やがて、満洲事変や日中戦争期になると、中国、特に満洲の開発は朝鮮の人たちにとっては〝日本人として〟優位を占めることができる大きなチャンスとなりました。朴正煕元大統領が満洲国士官学校に進んだことはひとつの象徴的な出来事です。

「日本人らしい名前にしたい」という希望があったことから「創氏改名」も行われました。これは、内地では明治4年の戸籍法の制定で西洋式の氏名の方式が採り入れられていたのに合わせたもので、伝統的な日本式の姓名を強制したものではありませんでした（従来の姓名のままであることも可能でした。ただし、朝鮮では変更した割合が8割に及んでおり、広範囲で誘導された可能性が高い）。社会全体での日本語普及が進んだこともあってですが、朝鮮語での教育が縮小されたのは残念です。

こうして、「内鮮一体」が叫ばれて「皇民化」が進みました。ただし、朝鮮人は徴兵の対象にはならず、参政権も与えられていなかったのですが、参政権については、朝鮮人でも内地居住の場合は可能で、東京では国会議員になる者もいました。逆に、朝鮮に住む内地人にも参政権はなかったのです。時が進み、やがて内地人とあらゆる意味で同じにしてほしいという要求も増え、1944年からは朝鮮でも徴兵を実施、1945年には参政権の付与も決まりました。しかし、実行前に終戦を迎え、実施されることはありませんでした。

日本が戦争に負け、南北朝鮮がそれぞれ独立した現在から見ると、同化政策は誤りのように見えます。しかし、当時において、原敬という卓越した政治家の見識によって指導されたもので、単純に是非を論じるべきではないと思います。

例えば、東京での独立宣言の起草者である前述の李光洙は、東亜日報の編集局長などとして活躍し、創氏改名の有力な推進者となったりするなど、三・一運動のリーダーたちの多くが総督府の同化政策の協力者となっています。

こうして振り返ってみると、三・一運動とそれに対する原敬首相や斎藤実総督の適切な対処は、独立運動を鎮め、日本統治安定への転換点になったということでしょう。

そして、戦時色が強まるにつれて皇民化は新たな段階に入り、創氏改名（1939年）、徴兵制の実施（1944年）、参政権の付与（1945年）と進んでいきました。これらのことについては、当然、賛否両論がありましたが、これらは原や斎藤の進めた同化政策の帰結であったのです。

国際的に注目を浴び始めている「ライダイハン」問題

ここで話を現在に戻しましょう。

日本に対して、慰安婦問題で執拗に圧力をかけてくる韓国ですが、では彼らが戦場で品行方正であったかというと、もちろんそんなことはありません。

１９６１年からアメリカが本格的に軍事介入し、泥沼化したベトナム戦争ですが、軍事政権の正統性を認めてもらいたい韓国側からの派兵の訴えにより、１９６４年から段階的に参戦し、アメリカに次ぐ兵力を投入しました。

韓国軍による民間人の大量虐殺はよく知られていますが、その影で起きた性犯罪も国際的にスポットライトを浴び始めています。

それが、**ベトナム戦争に出兵した韓国人兵士が現地ベトナム人女性を強姦《ごうかん》したことにより生まれた子ども、あるいはその後取り残された混血児「ライダイハン」の問題です。**韓国軍兵士とベトナム人女性の間に生まれたライダイハンは、5000人から1万人程度と推定されています。

2019年1月16日、この問題を追及する英民間団体「ライダイハンのための正義」（ピーター・キャロル会長）が、英議会に「イスラム国」（IS）の性暴力を告発してノーベル平和賞を受賞したイラクのクルド民族少数派ヤジド教徒、ナディア・ムラド氏らを招き、特別会合を開催して話題になりました。

日本人としては、いわゆる「慰安婦問題」と比べものにならないくらい、はるかに悪質で規模も大きいこの問題に対して、韓国の政府や世論が頬被《ほおかむ》りしていることに納得がいかないところでしたが、これを機会に、否応なしに世界的にもこの蛮行が取り上げられていくこととなるでしょう。

それにしても、これほどの問題が、どうしてこれまで大きく取り上げられてこなかったかについても、それなりの理由があります。

そこで今回、しばしば話題になるものの、あまり経緯が知られていないライダイハン問題とその周辺状況について、その全容を紹介していこうと思います。

韓国が執拗に日本軍の慰安婦を問題にするなら、はるかに悪質なライダイハンを日本として取り上げたいところですが、その背景と歴史をしっかり知らないまま騒ぐだけでは説得力がありません。理論武装が必要だと思います。

「ライダイハン」の「ライ」とは、ベトナム語で「雑種」「混血」を意味し、「ダイハン」は「大韓」のベトナム語読み――つまり、ライダイハンとは韓国人男性とベトナム人女性の間に生まれた子どものことをいいます。

言葉の意味のとおり、ベトナム戦争関連の子どもだけを指すものではありません。1992年の韓国とベトナムの国交樹立ののち、韓国企業の駐在員とベトナム女性の間に生まれた子どもは「新ライダイハン」と呼ばれることもあります。

ベトナム戦争中（1964～72年）には32万人と言われる韓国兵士だけでなく、大量に韓国人の軍属や民間人がベトナムに赴き、ベトナム人女性との間に子どもを残しています。その中には現地妻を抱えて子どもを産ませたものも多いですが、かなりの人数が軍隊の性暴力によって妊娠させられました。

その意味では、慰安婦とは比較にならない悪質性があります。しかも、韓国軍は敗戦という形で慌ただしく撤退したために、父親のほとんどが子どもを放置したと言われています。そして、ベトナム共産党政権下でライダイハンは「敵国の子」として迫害され、差別されてきました。

前述の「ライダイハンのための正義」では、**ベトナム戦争で韓国兵らが13、14歳の少女を含むベトナム女性数千人に性的暴行を行い、その結果生まれたライダイハンが約1万人いるとしています。**

英議会での特別会合は、同団体の「国際大使」に就任したジャック・ストロー英元外相が主催し、政界からは英・ベトナム議員連盟の会長であるウェイン・デイビッド議員、英政府の性暴力防止イニシアチブ（PSVI）の共同創設者であるウィリアム・ヘイグ元外相、ペニー・モーダント議員（英国国際開発大臣）、アハマッド・ウィンブルドン議員（「紛争下での性的暴力防止」首相特別代理連邦大臣）などが参加しました。

また、民間人としては、ムラド氏のほか、性暴力の被害者であるチャン・ティ・ガイ氏やその娘で、ライダイハンのベトナム人女性であるトラン・ダイ・ナットさん、それにライダイハンを題材にした作品を制作している彫刻家のレベッカ・ホーキンスなどが会合に参加しています。

参加者のうち、ライダイハンの母親であり、韓国兵による性暴力の被害者であるチャン・ティ・ガイさんは、24歳の時の悪夢について次のように語っています。

ベトナムの山間地域の村で看護師をしていて、時には産婆まですることもあったナイさん。ベトナム戦争の最中での1960年代後半のある日、ひとりで家にいた彼女に韓国の軍人が訪ねてきて、塩が欲しいと言うので、与えたといいます。何日かして彼は再びやってきて、産婆のために家を出ようとしたナイさんの手首をつかみ、家の中に引っぱり込まれてレイプされてしまったというのです。

すでに老齢なので、細かい記憶はあまり残っていないといいますが、はっきり記憶としてあるのは、彼の軍服に韓国軍白馬部隊（第九歩兵師団）のシンボルが付いていたこと。その後もナイさんは「韓国の複数の軍人にレイプされて3名の子どもを産んだ」と語りました。「ライダイハンのための正義」によれば、ベトナムなどにはナイさんのような韓国軍のレイプ被害者が800名余り生存しているとのことです。

卑劣な戦争犯罪に対する韓国内の反応は？

韓国軍による戦争犯罪は、ベトナム戦争の終戦直後からすでに問題にされてきました。

1969年ベトナムのニントゥアン省議会の議員らが当時の首相に送った公文書には、「韓国軍が幼い少女2名を強姦した事件を調査するために、韓国との合同調査団を設けてほしい」と記録されています。

一方、韓国軍の暴虐により誕生したライダハンたちの苦難も深刻でした。「敵軍の血筋」と言われ差別され、過酷ないじめに遭ってきたのです。

この会議について放送したBBC放送の番組には、ライダイハンのチャン・ダイ・ナットさん（韓国名キム・サンイル）が登場し、「戦争が終わった後のある日、町を散策していたら誰かが突然近づいてきて5歳の自分を殴って、気絶させられた」経験があり、その後も隣人と友人に「犬の子ども」などと呼ばれ、いじめにあったという証言をしています。

性犯罪の結果、誕生した子どもたちは、韓国人の父親からは見捨てられ、ベトナム社会では韓国人とのハーフとして差別されて生きていかなければならなかったのです。そして、貧困に苦しみ、暴力にさらされ、学校教育を満足に受けられなかったこともあるといいます。ベトナム人は、自分たちを戦争で虐げられた存在だと捉えていたので、加害者の片割れであるライダイハンは、戦争での不愉快な記憶を思い出せる屈辱的な存在に感じていたのでしょう。

ライダイハンの問題が韓国で本格的に議論されたのは2000年代に入ってからのこと。

左派系の「ハンギョレ新聞」などが韓国軍のベトナムの民間人虐殺疑惑を取り上げ、ライダイハンの存在も表面化したのです。

こうした動きに対して、ベトナム戦争参戦退役軍人団体から激しい抗議運動がありました。2000年には、ベトナム戦争へ参加した結果、枯れ葉剤の後遺症に悩む患者団体である「大韓民国枯れ葉剤戦友会」は、民間人虐殺疑惑を報じたハンギョレ新聞社に押しかけて抗議集会を開催したほどです。

彼らは、自分たちは国家によって強制的に派兵されたのだし、ベトナム戦争はゲリラ戦だったので敵と味方を区分するのが難しく、そこで不幸なケースがあったとしても、それを「殺人」と扱うのは名誉毀損だと主張しました。

ただ、「新聞社に押しかけた」というより襲撃に近く、新聞社内の事務機器を破壊し、同社幹部を監禁、従業員十数名を負傷させ、警察に42名が連行されています。

その頃は、金大中大統領時代ですが、大統領は2001年に訪韓したベトナムのチャン・ドゥック・ルオン国家主席に「不幸な戦争に参加し、不本意にベトナム国民に苦痛を与えたことに対して申し訳なく考え、慰労の言葉を申し上げる」と語ったものの、事件に対する具体的な謝罪の言葉はなかった上に、ライダイハンへの言及もありませんでした。

それは、盧武鉉大統領、文在寅大統領も同様であり、李明博、朴槿恵両大統領に至っては、韓国とベトナムの過去の歴史に公式の言及は一切ありませんでした。

韓国人がベトナムへの謝罪を躊躇していることの裏には、韓国にとってベトナム戦争というものが、「漢江の奇跡」の原動力としてとてつもなく重要だったこと、そして兵士たちが十分な見返りなく命を懸けて戦ったということの証左となります。

韓国の戦後復興に大きな意味があったベトナム戦争参戦

朝鮮戦争で国土が荒廃したことと、李承晩政権の腐敗した政治、そして日韓併合を無効とすることの確認など、日本が呑めるはずがない条件にこだわったことによる国交樹立の遅れの中で、韓国はタイやフィリピンなどよりも所得が低い貧しい国になっていました。

李承晩政権は1960年の「四・一九革命」で倒れましたが、後継政権は北主導の南北統一に傾いたために、1961年に朴正熙らによるクーデターで倒れてしまいます。新政権は戒厳令の実施など厳しい独裁体制で秩序を再建し、1963年には民主的な直接選挙で朴正熙が大統領に選ばれて、経済再建に取り組みました。

日本とは、「日韓併合が有効だったかどうか」といった哲学論争は「(日韓併合条約は最初に合法的にされたかどうかは別にして、今や)もはや無効」ということで玉虫色にし、日本は賠償はしないものの巨額の経済協力——無償3億ドル、有償2億ドル、民間借款1億ドル——を実施するということで決着しました。

「徴用工判決」でも話題になったように、本来は個人に支給するべき補償金を韓国政府が一括で受け取ったものの、被害者救済に十分に充てず、より将来の発展の基礎となるインフラ整備につぎ込んだのです。

韓国復興にとって、これは経済的に賢明な使い方になりましたが、**被害者たちが補償金を本来支払うべき韓国政府でなく、日本政府や企業に要求する伏線になりました。**

日本の巨額の経済協力が「漢江の奇跡」と言われる経済発展に結実したのは先に述べたとおりですが、韓国は「日本の経済協力の貢献は小さい」とよく主張します。

日本の経済協力は、現在の価値で言えば数兆円以上にも上るものだっただけでなく、国交樹立をきっかけに行われた『浦項製鉄所』(現ポスコ)などに対する日本企業からの協力も見逃せません。日本からの善意による技術供与などがあったからこそ急速な発展が可能になったわけですから、その貢献を過小評価してほしくないと思います。

　また、日本からの協力以外に、西ドイツへの労働力の輸出と、さらにベトナム戦争への派兵も同様に、韓国発展につながる重要なカギとして注目するべきでしょう。

　西ドイツには、1963年から1966年から76年までに炭鉱労働者が7万9000人、1966年から76年まで1万1056人が派遣されました。彼らの送金は、年間5000万ドルに達し、当時のGDPの2%を占めたと言われています。

　しかし、それ以上に韓国経済を潤したのがベトナム戦争です。1964年に先遣隊が派遣され、1965年からは青龍部隊、猛虎部隊、白馬部隊といった名の精鋭が派遣され、ベトナム中部のニントゥアン省からダナン市にかけて進駐しました。

　彼らの戦いぶりは、厭戦《えんせん》気分の強かった米軍と比べても意気盛んなものでした。当時、中学生だった私は、韓国軍が勇猛であると評価される一方、残虐だと恐れられているという報道を目にした覚えがあります。

　ベトナム戦争においては、兵士にはアメリカから戦地手当が支払われ、それは韓国にとって貴重な外貨獲得源となりました。しかも、軍事協力だけでなく、韓国軍の派遣をきっかけに、多くの韓国企業がベトナムに進出して、戦火の中で韓国軍や米軍のために働いて、莫大な利益を上げたのです。

「ナッツ姫」でクローズアップされた大韓航空など韓進グループや、李明博元大統領が建設部門の社長だった『現代』（ヒュンダイ）グループなどは、軍需物資輸送や米軍の建設工事によって、ベトナム戦争を通じて成長した財閥の典型です。

日本企業であれば、危険度が高く、気候・衛生状態が良くなくて二の足を踏むようなアフリカや中東、紛争地などでも、現在でも韓国企業は危険を顧みずに進出して利益を上げています。これは、ベトナム戦争の時からの伝統なのです。

そしてベトナム戦争では、軍人たちは多くの戦死者（国防部の資料公開によれば4968人）を出し、枯れ葉剤で多くの健康被害も出しながらも戦い、武名を轟かせるとともに、外貨獲得を通じて韓国経済の発展に尽くしたのです。

こうしたなりふり構わない外貨獲得が今日の韓国経済の繁栄をもたらしました。それは、朴正熙、全斗煥、盧泰愚という三代の軍人大統領の功績でもあるのですが、文在寅政権下では彼らの負の側面ばかりが強調されています。最近も、全斗煥元大統領が税金滞納で自宅の差押えを受けたというニュースが入ってきました。文在寅の師匠、盧武鉉大統領の時代には叙勲取り消しという恥辱も受けています。

朴正熙にしても、6年前には自分の名声によって娘の朴槿恵が大統領になったというのに、彼女も石もて追われ、今や拘置所暮らしの憂き目に遭っています。

韓国の場合、日本とは違って保守派が高齢層に偏っていますので、勢力もじり貧です。いわゆる親日派や、元大統領とその側近のグループは、数も少なく支持に広がりがないので好きに攻撃できますが、元兵士たちが相手となると数も多く戦闘的なので、反撃も予想されることから、強硬に追及するまでには至っていません。

しかも、リベラル・左派的な受け取りとしても、彼らは戦争の被害者としての一面もありますし、彼らを怒らせることは、万が一の軍事クーデターにもつながりかねないという危惧もあります。そのため、ライダイハン問題や、さらに深刻な村民虐殺事件なども、ハンギョレ新聞など突出したメディアが及び腰ながらかろうじて追及しているだけというのが実情なのです。

ベトナムがライダハン問題糾弾に熱心でない理由

ある意味で管理されていた慰安婦の場合と違って、ライダハンの場合には、その原因が強姦であったり、売春であったり、あるいは見捨てられた現地妻だったりします。

強姦の場合は犯罪ですし、さらに妊娠と出産を伴うことから被害女性のダメージも大きい上に、不幸な子どもを多く出現させました。それに対する韓国政府の対応は、国籍取得、父親探しや認知、そしてその支援など、いずれも不十分なままです。

むしろ、時々涙の父子再会がワイドショー的関心となったり、裁判で認知が認められたと話題になるだけで、韓国民として申し訳ないなどという気持ちは、軍部に敵対する極左以外にはほとんどないようです。

現地妻については、日本人でもフィリピンなどで同様の問題があるのは承知していますが、韓国人の場合、突然に消えてしまうことが多いという指摘もあります。

ベトナムでもそうですが、フィリピンでは常に2万人ほどいると言われる韓国人語学留学生が現地で結婚して子どもを生ませて、そのまま帰国するケースが多いと言われていますす。その子どもたちは、コリアンとフィリピーノを合成して「コピノ」と呼ばれているといいます。また、中国など海外に進出した韓国企業も、予告なく経営者が消えることが多いとして問題になっているようです。このあたりは、ある種の国民性と関連があるのかもしれません。

ただ、ベトナム側はライダハン問題糾弾にそれほど熱心ではないのも事実です。その背景としては、ベトナムと韓国の経済関係が非常に上手くいっていることが挙げられます。日本がすでに発展途上国での細かい事業に熱心でなく、中国の進出を嫌うベトナムにとって、韓国は好都合なパートナーなのです。

また、韓流スターたちの活躍や、最近はサッカー代表チームが韓国人監督となって良い結果を残していることもあって、好感度が少し上がったとも言われています。

しかし、何よりも根本的な原因としては、ベトナム戦争の犠牲者が８００万人を超えるとされており、ライダイハンが特別に重要な被害者と考えられていないことが挙げられます。韓国で北朝鮮による拉致があまり重要視されていないのも、朝鮮戦争で約20万人の死傷者と、それより多くの一般市民の犠牲を出したのと同じです。

それとは逆に、慰安婦や徴用工がことさら問題になるのは、日本支配そのものの正当性はともかく、その統治の受益者が数多くいる中で、**「被害者」が数少ないゆえにあえてクローズアップされている側面が大きいと思います**。

そういう意味では、慰安婦や徴用工ばかりが責め立てられるのは、朝鮮半島における日本統治の質の高さの証明なのかもしれません。

コラム 歴史を正しく学ぶための参考文献

Ⅰ. 日韓基本条約の交渉経緯についての資料

日韓両政府の資料のほか、特に下記の書籍は参考としている。①は日本側の各省の担当者による準公式の解説書。②は日韓交渉についての、もっとも良い一般向けの日本語文献で、当時、交渉にあたった外務省の担当者も事実関係についてはだいたい正確だと評価している。しかし、この著者は個人請求権について韓国政府が個人の請求を残さなかったことを非常に残念がっておられる。また、竹島問題についても韓国領だと言うほうが説得的だというようなニュアンスであり、日本の立場に立っての文献ではない。③は交渉当時の韓国の外相の回顧録。④の著者は戦前に九州帝国大学を卒業し、高等文官試験に合格した厚生省の官僚だった。交渉当時の駐日大使。

①『日韓条約と国内法の解説 附 日韓条約関係資料』(編集/外務省外務事務官・谷田正躬 法務省入国管理局参事官・辰巳信夫 農林省農林事務官・武智敏夫/時の法令別冊 大蔵省印刷局発行)
②『検証 日韓会談』(高崎宗司/岩波新書)
③『韓日条約締結秘話——ある二人の外交官の運命的出会い』(著、原著/李 東元 原著、翻訳/崔 雲祥/PHP研究所)
④『韓日の和解——日韓交渉14年の記録』(著、原著/金 東祚 原著/Dong Jo, Kim 翻訳/林 建彦/サイマル研究会)

Ⅱ. 朝鮮からの引き上げについての資料

『朝鮮における終戦と引揚げ』(李炯喆 長崎県立大学国際社会学部研究紀要 第2号 7-16 2017年12月)

Ⅲ. 外交官の著書

韓国語を学んだコリアン・スクールの外交官の著書はやはり日韓関係を理解する上で貴重だ。②の著者である道上氏は、『文藝春秋』2019年10月号に、『韓国を覆う危険な「楽観論」の正体』を寄稿しているが、以下はその一節。〈オールジャパンでしっかり日本側の立場を発信し、説明すること〉〈「国際スタンダードに即し、客観性のある姿勢」という日本の長所を維持すること〉とし、日韓交流などにおける日本側の「物わかりのいい態度」が韓国側に誤解を与えているとしているが、誠にもっともだと思う。

①『文在寅という災厄』(武藤正敏/悟空出版)
②「日本外交官、韓国奮闘記」(道上尚史/文春新書)
③『ソウルの日本大使館から——外交官だけが知っている素顔の日韓関係』(町田貢/文藝春秋)

Ⅲ. 拙著で韓国を扱った資料

①は客観的に韓国史全般についてのものであり資料を多く含んでいる。②は日本の立場から見た韓国の通史である。

①『誤解だらけの韓国史の真実』(イースト新書)
②『韓国と日本がわかる最強の韓国史』(扶桑社新書)
③『捏造だらけの韓国史』(小社刊)

第四章

なぜ韓国に媚びたい日本人がいるのか

徴用工基金に媚韓派個人で金を出したらいい

韓国は「慰安婦」に対する「和解・癒やし財団」を一方的に潰しておきながら、「徴用工」についても同じような方式で、両国の出捐《しゅつえん》による基金などを模索したいのでしょう。

しかし、これは絶対に呑んではいけません。また同じようなことが繰り返されて、なかなか解決につながらないことが目に見えています。

とは言え、相手からの提案に対して、いかなる場合もゼロ回答というのではエンドレスで建設的ではないですし、ある種の玉虫色とか、ほかの問題も一緒にバスケットに入れた形の解決も外交の世界では必要となります。

私は、韓国政府が財団をつくって、国籍を問わず任意の寄付を集めるのが落としどころのように思います。ただし、日本政府や徴用工と関係のある日本企業はお金を出さないようにすべきです。

在日韓国人の方などは日韓決裂の場合には最大の被害者でしょうから、大いに基金を出されたらいいですし、韓国に謝りたくてしかたない日本人もどうぞです。

前川喜平さんも前川製作所の株でも寄付されたらどうですか。古賀茂明さんもテレビ朝日の玉川徹《とおる》さんも、曹国の愛読書の著者として ひと儲けされた青木理《おさむ》さんも日韓友好のために貢献されたらいいでしょう。

すでに帰化されていますが、ソフトバンクの孫正義さんもちょっと財布のヒモを緩められてはいかがでしょうか。常に韓国よりの津田大介さんも、東京新聞の望月衣塑子さんも、朝日新聞の皆さんも、財団が設立された際にはぜひ社内で募金して寄付を行ってください。『韓国は敵なのか』という署名運動をしている自称・知識人の78名の方々や、野党の皆さんも多額の貢献をされることでしょう。山本太郎さんや有田芳生《よしふ》さんにも出捐をお願いしたいですが、政党助成金は使わないでねとだけは言っておきたいものです。

それにしても、**なぜ韓国に媚びてでも、日本を貶《おとし》めたい人や組織があとを絶たないのでしょうか**。ぜひ寄付をお願いしたい人たちと、その発言をまとめてみます。

●ジャーナリスト・青木理氏（2019年9月4日・しんぶん赤旗）

「〝ウィンウィン〟だった経済関係を日本が輸出規制などで傷つけ、安保面や観光面にまで悪影響がどんどん広がっています」

「国交正常化時の請求権協定を肯定するとしても、すでに問題は完全に解決済みという日本政府の主張には問題があります」

「日本政府や私たちが常に念頭に置くべきは歴史認識問題です。かつて日本は朝鮮半島を植民地支配し、どれほどの苦痛を与えてしまったか。韓国を併合して言葉を奪い、氏名を奪い、天皇の臣民として動員し、とてつもない被害を強いたのは歴史的事実であり、日本がそれを反省する立場にたつのが問題解決の基本的な土台です」

●ジャーナリスト・津田大介氏（2019年7月25日・朝日新聞デジタル編集部）

「参院選も終わった今だからこそ、ヒートアップした対韓感情を冷まし、（政府は）政経分離を進める政策を」

●慶應義塾大学名誉教授　金子　勝《まさる》氏（2019年8月29日・DIAMOND ONLINE）

経産省は何があっても日本企業の利益を守らなければならなかったのに、それを突然、「歴史問題」の政争に巻き込み、逆に日本企業の利益を損なう危険性を引き起こした。このままでは日本の産業は滅びていくしかない。

●自民党・石破茂議員（２０１９年９月13日・オフィシャルブログ）
（※徴用工問題に対して、「韓国政府の対応は国際的に通用しないものだ」とする一方で、）
「相手を理解しようとする姿勢は必要なことと信じます」

●日本共産党の志位和夫委員長（２０１９年９月18日・産経ニュース）
「一連の問題は安倍晋三政権に原因がある。徴用工問題への対応として貿易規制拡大の最初のトリガーを引いたのは日本だ。禁じ手を使ったことが悪循環を招いている」

●テレビ朝日・玉川徹氏（２０１９年９月11日放送『羽鳥慎一モーニングショー』内での発言。９月11日Ｙａｈｏｏ！ＪＡＰＡＮニュースより抜粋）
「徴用工の問題は私は韓国の国内問題だという認識。でもその後で、日本側が経済問題にした。歴史問題は歴史問題だけで、話をしなければダメ」

「結局、日本人はちゃんと（韓国に）謝罪してないじゃない。政府は公式に謝罪しているけど、その後、要職についている政治家が否定するようなことを述べている状況があるじゃないですか」
「加害と被害の関係があった場合には、被害者が納得するまで謝るしかないと思います。そういう態度をドイツは取っています」

●朝日新聞官邸クラブ公式Twitter（2019年9月25日のツイート）
「少女像の展示は日本人に対する一種のヘイトスピーチであり不適切では。↓そもそも、日本人に対するヘイトスピーチは日本の法律では違法ではない。また、ヘイトスピーチの一般的な捉え方に照らしても、少女像がそれに当たるとは言えない」

こういう媚韓派の方たちの発言を集めてみると、彼らの現状認識と過去の歴史認識のトンデモぶりが浮き彫りになります。

日本人では、戦前の日本について比較的肯定的なのが「保守」で、否定的なのが「革新」という政治思想の大きな区分があります。もっとも、保守でも明治・大正はいいが昭和（戦前）の日本は軍国主義に堕落したという人たちもいて、むしろこちらが伝統的な保守本流ですし安倍政権も含めた政府の公式見解です。さらに、江戸時代を誉めることで間接的に明治を貶す人もいます。

一方、昭和（戦前）も悪くない、太平洋戦争はアメリカの謀略だという勇ましい保守強硬派もいて保守論壇ではけっこう力を持っています。

安倍首相などが取っている立場は、①昭和（戦前）の日本には反省すべきことが多いということは認めつつ、日本だけが悪いとまでは言い切れないと含みを残し、②日本国憲法制定の経緯はやはり押しつけだから内容はともかく日本国民の意思で自主憲法改正は必要だということを主張することで、保守強硬派からも支持されるという構造だと思います。

一方、革新的とか進歩的言われる人たちは、だいたいは、明治以来の日本は帝国主義的な外交を繰り広げ、国内では憲政が行われたといえども、内容は専制的で民主主義とはほど遠かったという人が多いわけです。そして、天皇制に好意的でありません。

江戸時代と明治体制と戦後については、だんだん良くなっているというのが正常な発展段階論でしょうが、明治体制をどのあたりに位置づけるかは人によって違います。ただ、欧米に比べて、明治体制の評価が極端に低いのです。

逆に言うと、鎖国、同和、極端な身分制、男女差別、公的教育の欠如、議会の不在などに対する評価が甘い「進歩派」が多いのが不思議です。

私自身はとことん西欧的な進歩派です。世界に門戸が開かれて文明の進歩を享受できること、封建主義の身分の固定や男女差別が緩和されること、公的に学校制度が整備され機会均等に向かうこと、経済が成長し所得が向上すること、餓死などする人がいないこと、そして憲法が制定され議会が設けられ徐々に参政権が拡大することは人類にとって大きな進歩だと思います。

そのあたりの**日本の歪んだ左派・偽リベラルのアンチ明治体制が、集約的に現れているのが半島問題についての評価なのです**。つまり、あきれ果てた後進社会だった李氏朝鮮について、「貧しくも安定的な社会で人々は幸福に暮らしていた」というわけで、日本統治の下での近代化の成果を極小に、あるいは、むしろ、悪くなったと断罪するわけです。

私は、明治日本の熱烈な礼賛《らいさん》者ですし、独立を奪ったことはともかくとして、半島の人々が上記のような進歩を日本内地よりは少し遅れつつではあるにせよ、手に入れたことは正当に評価すべきだと思います。しかし、偽リベラルの人々は、彼らは不幸になったといい、半島の人もそう思っているということを証拠としつつ、明治体制を攻撃する材料に使いたいようです。

それでは、韓国の保守派と言われる人たちはどうなんでしょうか。現在の韓国の保守派と革新派は、軍事政権時代をそれなりに評価するかで区別されます。そして、保守派は、相対的には、日本と協力して北と対抗しつつ近代化に成功したことを肯定的に見ていますし、日本統治時代も悪いことばかりとは言えないという立場です（ただし、独立を維持していたらもっと良くなっていたかもしれないという留保がつきますが）。

さらに加えて、北朝鮮についても、自由はないし経済的には遅れているが安定しているし、自主独立路線でもあるから素晴らしいという評価が、現在の韓国の革新派にはありますし、拉致問題発覚以前の日本の偽リベラルの総意でもあったのです。さすがに、日本ではそんなことを言うと拉致一味にされてしまうので黙っていますが、多くの偽リベラルの本音は変わっていないと思います。

少し複雑な話でわかりにくいと思いますが、これが、日本の偽リベラルが媚韓、特に隠れ北朝鮮崇拝派である裏の事情を分析するとこういうことになるわけです。

韓国の国粋主義に与《くみ》する偽リベラルは「変態右翼」

韓国国会の文喜相議長が、「日本はリーディングステートの資格を持とうとするならしっかり謝罪すべきで、(ドイツがしたように)ひざまずく姿勢まで見せるなら、なお良い」(聯合ニュース)、「(ソウル市内の)西大門刑務所でひざまずいた鳩山(由紀夫)元首相のように、心からの省察が必要だ」(朝鮮日報)などと発言したと、韓国メディアが報道しています。

こうした発言と、天皇陛下や首相に謝罪を要求していることを併せて考えれば、文議長は陛下や首相が訪韓して土下座するまで妄言を言い続けるに違いありません。

文氏の発言でもわかるように、**韓国や中国が反日をエスカレートさせながら際限がなく続けることについては、一部の日本人にも責任があります**。鳩山氏に代表される「リベラル」だとか「進歩的」だとか自称する日本人が、中韓の身勝手な主張に同調したり、妙な理解を示したり、さらにはマゾ趣味的な自虐行動を繰り返したりすることが、中韓の人たちへの誤ったメッセージになっているのはすでに書いたとおりです。

そもそも、「リベラル」や「左翼」というのは、インターナショナルな普遍性を持つ思想を奉じているはずですから、外国の国粋主義的主張にも反対の立場でなければ矛盾が生じます。**それなのに、韓国の国粋主義には同調するというのは「変態右翼」とでも言うべきではないでしょうか**。この言葉は以前から私は使ってきましたが、このごろ、ネット上で、これを「言い得て妙だ」と賛成してくれる人が増えています。

かつては、コミンテルンの主張がどんなにロシア帝国の伝統的な国粋主義主張と似てきていても、そこに疑問を抱かぬ共産主義者やそのシンパが多かったものですが、左翼にはそうした伝統が残っているようです。

私は、自分の国にプライドを持つこともその行き過ぎを是正することも、各国横並びという精神が大事だと思います。例えば、建国神話について考えると、日本はアマテラスがその孫のニニギに命じて日本列島の高千穂峰に天孫降臨《てんそんこうりん》し、日向《ひゅうが》に三世代留まったあと、2700年ほど前に曾孫の神武天皇が大和に移って、そこで建国した小さなクニが発展し、第14代目の仲哀《ちゅうあい》天皇の時に統一国家になったというものが伝えられ、八世紀に『日本書紀』に書かれて確立されました。

中国は、三皇五帝という伝説上の帝王があり、特に黄帝《こうてい》が重視されていますが、そのあと夏《か》王朝が最初の世襲王朝として4000年余り前に樹立されたというものです。

朝鮮半島では、12世紀に成立した『三国史記』では、紀元前後における新羅・百済・高句麗の始祖伝説が書かれているだけですが、19世紀になって民間伝承にあった4000年前の壇君《だんくん》という王が建国の主として扱われるようになりました。

そして、中国と韓国の教科書にそれぞれの建国神話は載っていますが、日本のほとんどの教科書には、日本の建国神話は偽リベラルの皆さんの「国粋主義的」だという反対で載せられていません。一方、その彼らは韓国の19世紀になってでっち上げられた建国神話にアレルギーも何も感じないというのですから呆れたものです。

韓国の非常識な認識と主張には反論を！

韓国の政治家たちのすることは日本人から見て『非常識』なことばかりです。腹が立つのは当然ですが、やはり前向きに考えるためには、なぜそうなのか冷静に分析することも大事です。私はかつて、以下のように要約したことがあります。

①過去も現在も繰り返される国書受け取り拒否や告げ口外交のように、外交儀礼を無視した「無礼」な対応。明治初年の征韓論などに至った経緯を見れば理解できます。

②竹島上陸など鬱憤ばらしの「目先の成功」を優先させること。北朝鮮がアメリカや日本との会談をしばしばキャンセルするのも、そうとしか説明できません。

③政治家が「国益より自己利益」優先を平気ですること。李氏朝鮮における大院君と閔妃の対立など、ひどいものでした。

④媚びる相手には図に乗り、徹底して強く出る相手には弱い「卑屈さ」。中国はそのあたりをよくわかって、THAAD（Terminal High Altitude Area Defense missile　終末高高度防衛ミサイル）配備問題でも5倍返しくらいの処罰を与えました。対する日本はまだまだ甘いのです。

⑤「嘘や無謀さへの甘さ」があるため、無茶をして失敗しても社会的に糾弾されません。ES細胞問題でノーベル賞かとまで言われた黄禹錫《ファンウソク》博士の研究成果捏造に対してもあまり強い批判はされず、奇妙なことに同情まで見られます。自衛隊機レーダー照射事件の言い訳などもそうです。

私たちは、韓国のこうした特異性を前提にして、被害が少なくなるように上手に賢く立ち回るしかありません。バカらしい主張は聞き流すか、厳しくお灸を据えるか、硬軟取り混ぜて対応していくしかないでしょう。

ただし、彼らの身勝手な主張に、先ほど挙げた「変態右翼」の日本人が同調したり妙な理解を示せば、彼らはいつまで経っても図に乗ってくることをやめません。

これまで日本人は、「植民地支配」の負い目もあって、韓国を批判することには遠慮がありました。日本が彼らの主張に反論せず、おとなしく聞く姿勢を続けていれば、いつかわかってくれるという期待もしていたのです。しかし、**嘘を嘘で固めた反日の主張がここまでエスカレートしてくると、日本人も正々堂々と反論するべきです。**

ただし、これまで我慢してきたことは決してムダではありません。もはや我慢には意味がないことを世界に説明しやすいからです。

日本政府やメディアも考えてほしいのですが、日本人の感情を煽り自己満足させるのが目的でなく、欧米人をはじめ世界の人々が「なるほど」と納得する歴史の見方を提供することが大事です。

それは、責任ある立場で歴史を語る場合に常に必要なことでしょう。世界が日本を支持したら、中国でも韓国でも黙らざるを得ないのですから。

また、韓国より中国との関係をしっかり築いていければ、半島の問題は自ずから解決するものです。**日中両国が仲良くなって、朝鮮半島のことなど気にしなければ東アジアは平和だと日中は気がつくべきです。**

半島の政治家たちが日中両国の対立を煽り続けてきた面もあります。実は韓国は、**大国に翻弄されてきたわけでなく、大国の対立の火種となってきました。**古代の歴史を振り返っても、新羅は日本領の任那や友好国の百済を中国と組んで滅ぼしましたし、元寇にしても元をけしかけたのは高麗です。近代においても、日清・日露戦争の原因をつくったのは韓国でした。

また、日中関係が良ければ、半島の人たちは十分な漁夫の利を得ることができるはずです。日韓友好を焦らず、一致しないことを互いに気にしない淡泊な関係になるほうがいいように思うのです。

明治になるまでなかった「半島に感謝する」考え

古代において「日本より朝鮮半島のほうが先進地域だった」とか、「百済を経由して日本に輸入された中国文明を、韓国の文化が輸入されたと勘違いしている人がいることを、私はこれまでの著書でも厳しく糾弾してきました。

そこで、以前からどうしてそのような思想になったのか不思議でなりませんでした。もちろん、韓国の国粋主義者の行き過ぎたプロパガンダの片棒を、日本の偽リベラル勢力が担いでいるというのも一面であります。しかし、その遠因を探っていくと、**朝鮮総督府がプロデュースしたものだとだんだんわかってきました**。

日韓併合以降、朝鮮総督府は、帝国内において朝鮮の人々の利益代表でした。日本人が朝鮮の人たちを見下すようなことがないようにすることに最大限の努力を傾注しました。そのために、朝鮮の伝統文化を再発掘することにも熱心でした。

もともと韓国では、中国の格式高い文化をもって良しとしていましたから、朝鮮の伝統文化とか民衆文化を正しく評価していませんでした。それを日本での民芸運動などと連携して柳宗悦らが朝鮮の生活文化の素晴らしさを発見し、宣伝したわけです。

また、仏教にしても古代や高麗時代には栄えましたが、李氏朝鮮時代は迫害され寺院も荒れていたものの復興に力を尽くしました。古代の遺跡の発掘も進められました。

そうして、古代から中世にかけての朝鮮文化の素晴らしさが「発見」され、また、百済・高句麗・新羅から日本が文明を学んだといった歴史観が「創造」されました。

こういう考え方は、日韓がひとつの国であるために朝鮮の人々を尊重するために考え出されたうるわしいフィクションですから、韓国・北朝鮮が独立した以上は不要で存在価値がないものなのですから、忘れたほうがいいでしょう。

ところが、常識的な普通の日本人の間でも、間違った朝鮮総督府史観のままでいる人が多いことが困るのです。多くの人は知らないからそう思い込まされているのです。しかも、どんどんそれがエスカレートします。あるいは、学界で一時期唱えられたものの今は誰も相手にしないような歴史観が世間ではまだ大手を振っていたりします。

小沢一郎氏が韓国での講演で、戦後、江上波夫《えがみなみお》という東京大学の先生が唱えて一世を風靡《ふうび》したものの、今や誰も相手にしていない「騎馬民族征服王朝説」を持ち出して、「天皇家の祖先は韓国から来た」などと発言したのもその一例となります。

日本書紀に書いているとおり、日本が4世紀に半島に進出して高句麗と激しく新羅や百済への支配を巡って争ったことが詳述されている『好太王碑』について、半島の学者から、この碑を「発見」した日本軍人が改竄《かいざん》したという説が出されたことがあります。これは、中国でこの「発見」より前にとられた拓本が見つかって完全否定されたのですが、それを知らずにしたり顔に改竄説を説く「進歩的日本人」が多いのです。

先日、ふとネットを見ていたら、相当に立派な文化人が、このようなことを書いていて驚きました。

「祝・ヨンファ元年！『令和』は万葉集から採ったと安倍晋三が語ったが、万葉集を編纂した大伴家持《おおとものやかもち》は渡来人。天皇を始め４５００首に及ぶ歌の大半は半島からの渡来人の作。中高時代に意味不明と教わった歌も、古朝鮮語で読むと意味も明らかに。よって『令和』を韓国語で『ヨンファ』と呼ぼう！」

呆れて言葉が見つかりません。山上憶良《やまのうえおくら》が帰化人だったという、妄想に基づいた説があるのは知っていますが、名族・大伴氏の当主である家持まで帰化人にしてしまうとは、呆れます。さらに、「『万葉集』の和歌のほとんどが帰化人の作品で、古朝鮮語で解いてはじめてわかる」などというようなトンデモ説を未だ信じている人がいるので困ります。

そもそも、「古朝鮮語」とは何でしょうか？ ハングル発明以前の半島の言葉は、固有名詞以外ほとんどわかっていないのが事実です。それでも新羅語は現在の韓国語と連続性が多少はありそうですが、高句麗語や百済語に至っては、日本語と韓国語、どちらに近いかすらもわからないのです。**誰も知らない古朝鮮語などを持ち出して、日本の古い歌が読み解けるなど、まったくもって困った妄説です。**

また一時、「奈良」の語源は朝鮮語の「国」という意味だとか、朝鮮語で読むと万葉集がわかるだのというトンデモ説が流行したことがあります。しかし、奈良の語源は「(草を)

馴らす」だと『日本書紀』には書かれいますし、現代韓国語の同じ意味でもない単語との類似性くらいでどうのこうの言う問題ではありません。

そもそも日本と交流が深かった百済の言葉と、新羅語の系統を引くという朝鮮語との関連性は薄いのです。また、日本語と半島の言葉が部分的にせよ同じルーツだとしても、どっちが先か、単に共通の先祖を持つだけかは不明なのであるから、勝手に半島がルーツだとするのはやめてほしいものです。

なにしろ、新羅の建国には日本人が深く関わり、3つある王家のひとつは日本人なのです。ならば、韓国語のルーツである新羅語が日本語から派生した可能性のほうが逆よりはよほど蓋然性《がいぜんせい》（ある程度、確実であること）は大きいのです。

要人たちの誤った媚韓発言と卒業の勧め

「古代は日本より朝鮮半島のほうが先進地域で、日本は半島から文化を学んだ」などといった妄説を笑っていたら、なんと文化庁長官までもがそのようなことを言う始末です。韓国の『毎日経済新聞』が以下のように報じているようです。

「『ダイスキ（とても好きだ）』日本文化政策トップの宮田亮平（74）文化庁長官に日本国内で拡散する韓国文化、韓流に対する考えを訊ねると躊躇なく一言で言い切った。（中略）駐日韓国文化院開院を基準として韓日両国文化交流40年の成果と意味を訊ねるとすぐに両国文化交流の歴史はとても深くて厚いという答えが返ってきた。『40年前とおっしゃったが、（韓日文化交流は）事実、遥か昔でしょう。１０００年、５００年前に韓国文化が日本に伝えられました。今日、文化のルーツ、根底には中国、韓国があると思います。シルクロードを通じてその大きな流れが生じたものですが、それで私は韓国は日本において何というか？　兄か姉のような存在と思います。』」

そもそも、コリアン国家は新羅の統一まで存在していませんし、百済の継承国家は韓国とは言えません。韓国（新羅）は日本国有の領土である任那を侵略し、友好国だった百済を唐が侵略するのを手助けした国なのです。

中国はともかく、日本が韓国から学んだものはありません。百済からやってきた帰化人は文化や産業の振興に役に立ちましたが、彼らは中国系の人々ばかりです。

日本最高の金属工芸作家の宮田長官は、東京芸術大学学長を経て２０１６年に文化庁長官に就任しています。民間人登用をするのであれば、しっかりした歴史観を持った人物か、あるいは正しい歴史教育をしてから職務に就けてほしいと思います。

もし、少し韓国人にお世辞を言いたいなら、私ならこのあたりにします。

「日本列島と朝鮮半島は有史以前から双方向で深いつながりをもってきました。また、文字や仏教など中国文明の日本への伝来にあっても、百済在住の人々が大きな役割を担いました。新羅の建国にあっては日本人が大きな役割を果たしたことが『三国史記』には記されていますし、百済が滅びた時などには、王家をはじめ非常に多くの人たちが日本へ移住し帰化しました。そのような意味で、日本人と韓国人はDNAにおいても文化においてもかなり共通の先祖をもった国民であると申せます」

つまり親近性を強調しても、古代から韓国という国家や民族があり、それが現在の韓国や韓国人に継承されているという考えは否定し、半島と列島の文化交流も一方的なものでない、むしろ、日本から半島のほうが主たるものであることをことさらに強調する必要はありませんが、しっかり、踏まえてものを言うべきです。

私は日本統治時代や戦後のある時期に韓国の歴史を称揚して少しお世話になったなどとお世辞をいって友好ムードを盛り上げることは悪くなかったと思います。また、間違った知識が流布《るふ》されていたという背景もあります。ですから、昔、どの有名人があ言ったこう言ったと批判するのはおかしいと思います。正直言って、私も本格的に韓国史を勉強するまで多くの間違いを犯していたことを認めます。

しかし、今は史実も明らかになっていますし、お世辞など言ってもますます増長するだけで、「いや、韓国こそ、日本には古代からお世話になったんです」などと気がついてくれるはずもありませんから、やめたほうがいいでしょう。

お世辞を言ってもさっそくお世辞だと気がついてくれるということが通用する人たちもいます。中国人などどっちかというと、相手を尊重すると、機嫌良く相手も尊重します。しかし、半島の人の国民性はそういうことでないのです。

日本が韓国から学んだことが多いというのは大嘘

日本が半島から学んだことはさんざん捏造や誇張されて喧伝されているのですが、反対に、韓国が日本から学んだことは多いのに、ほとんど語られません。それでも明治よりあとは、隠しようもないので、だんだん知られるようになってきました。

しかし、それ以前はどうでしょうか。中国由来のものであれ、そうでないものであれ、日本でのほうが半島より先に出現しているものは多いわけです。それらについては、かなりの部分は日本由来、あるいは、日本からヒントを得て考えたと考えるのが普通です。『隋書倭国伝《ずいしょわこくでん》』には、「新羅、百済は倭を大国で珍物が多いとして、これを敬仰して常に通使が往来している」と、日本から多くのことを得ているとしています。

稲作に関しても、伝わったのは半島のほうが先かもしれませんが、それはプリミティブなもので、日本列島で本格化した稲作がのちに半島にも広がっていっています。また、前方後円墳が韓国の全羅南道に多く見られますが、韓国のものは日本よりも年代が新しいことがわかっています。

ちなみに、百田尚樹氏の『日本国紀』は、どうしたわけか、百済について日本の植民地のようなものだったのではないかと大胆な推測をしています。そして、日本の植民地だったのではないかという根拠になっている全羅道地域での前方後円墳の存在ですが、これは、主として512年に、任那の一部だったが百済に譲られたいわゆる「任那四県」の地域であり、古墳も百済領になる前のものです。

したがって、前方後円墳の存在は、任那四県が日本領だったことを示す証拠であって、百済が日本の植民地だった理由にはならないのであって、百田氏の勘違いです。

李氏朝鮮時代には、公文書はすべて中国語で書かれていました。また、これを読む時は、中国語の語順のまま音読みしていたのですが、例外的に「吏読《りとう》」というのがあって、万葉仮名的に新羅語・朝鮮語の読み方で保管するものです。『ブリタニカ国際大百科事典 小項目事典』には以下のように書かれています。

「朝鮮において、おもに助詞・助動詞など、送り仮名に相当する部分の表記に用いられる漢字の特殊な使用法をさす。「吏吐」「吏道」とも書く。日本における宣命書きと同趣のもので，まだみずからの文字をもたなかった古代朝鮮において、すべて漢字で表記しようとした結果生れたもの。三国時代の金石文に始り、19世紀の末まで用いられた。…このような漢字の用法は上代日本語の表記にも影響を与えたと考えられる。」

しかし、三国時代の半島においてそれほどの出土例はありませんし、日本より新しい時期のものが多いのです。それがどうして、「このような漢字の用法は上代日本語の表記にも影響を与えたと考えられる」というのか理解に苦しみますが、前方後円墳の場合と同じく、**日本のほうが先で半島が真似たということを認めたくないという願望が「古いものは、見つかってないだけ」という形で逃げるとこういうことになるのです。**

それを韓国人が主張しているのは、子どもっぽいが可愛くもあるのですが、日本人が百科事典にまで書けば、研究者としても国民としても良心のかけらもありません。

また、ハングルを創ったことについて、逆に日本からの刺激がなかったはずがありませんが、そういうことが語られることはあまりないですし、研究もされていません。

物品でいうと、木綿は先に朝鮮に入り、日本へ輸出されました。逆に日本からは南方由来のものが朝鮮に輸出されましたが、その中で最も重要なのは唐辛子です。これがなければ、現在では日本でも親しまれているキムチもチゲもプルコギも誕生しませんでした。

日本の朝鮮への影響について、両国の研究者のいずれも研究をすることはあまりないので、実はよくわかっていません。テクノロジーにしろ文化にしろ、相当程度にあるはずですが、解明されていないのです。このテーマについて、韓国人にも、韓国について詳しい日本人にもいろいろ聞いているのですが、実態不明ということらしいのです。

そういう現状であるならば、日本政府が進んでプロジェクトを組んで研究を促進してはどうでしょうか。日本のほうで先行して、韓国であとになって普及したものや、日本を模倣したものは山ほどあるはずです。

韓国では屋台で食べる「オデン」も韓国発祥の食べ物だと多くの人が思い込んでいるようですが、もちろん日本の「おでん」が伝わったものです。唐辛子が日本から伝わったのは確かなようで、「倭辛子」と呼ばれていたようです。文禄・慶長の役の頃のようで、あのキムチは豊臣秀吉の朝鮮侵攻の置きみやげということになります。

言語についても、ハングルは高度で難しい文章には使われなかったこともあり、書き言葉としての韓国語は、明治以降、井上角五郎や総督府の努力の結果、日本語の仮名をハングルに入れ替えただけに近い形で成立したものです。日本統治は韓国の人々からその言語を奪ったのではなく、書き言葉としての韓国語を創り与えたのです。

安重根を「英雄」とする国だからテロが心配

輸出管理で手続きを優遇する「ホワイト国」から韓国を除外したことで、韓国では「反日」だけでなく、「反安倍」がひとつの動きになっています。

特に、親与党系陣営から「日本政府と日本人は切り離すべきだ」という主張が出てきた今年の8月中旬くらいから、反日集会では「NO JAPAN」のプラカードや横断幕の多くが「NO安倍」に変わってきました。「日本製品をボイコットせよ」と息巻いても、それが不可能であることに気が付いての方向転換かもしれませんが物騒な話です。

そうなると、心配なのはテロです。何しろ、伊藤博文を暗殺したテロリスト、安重根を「英雄」として扱ってはばからない国です。かつて朴槿恵大統領は、ハルピンに安重根の記念館を造ることを習近平に要請して実現しています。

父母をテロで失った朴槿恵が安重根を顕彰するのは誠に不思議で親不孝は愚行です。中国もウイグルなどの独立派のテロリストが指導者を暗殺したら将来、英雄になれるとメッセージを送っているようなもので、愚劣の極みでしょう。テロ反対は無条件でなければならないし、テロリストを英雄にしてはならないのです。

韓国が安重根を英雄視しているようでは、日本人がテロを警戒するのも仕方ありません。安倍首相だけでなく、文国会議長のような妄言が出ると皇室へのテロも心配です。各方面において警戒すべきだし、東京五輪でも同様です。

少なくとも文在寅大統領は、「絶対にテロや、日本人への危害を加えることがないように」と国民に呼びかけるべきですし、そうした発言こそは日韓の悪い雰囲気の改善に寄与することでしょう。ここでテロでも起きたら日韓関係の修復は絶望的になります。そして、それを抑制できるのは文在寅大統領しかいません。

安重根といえば、最近、安重根とその看守だった千葉十七を偲ぶ合同法要が宮城県栗原市の大林寺であったという報道を目にしました。「日韓両国から約130人が参列し、東洋の平和を願った2人の冥福を祈り、悪化の一途をたどる両国の政治情勢に惑わされず、民間交流を続けることを確認した」「合同法要は、住民有志と在日韓国人らが千葉の菩提（ぼだい）寺の大林寺に2人の顕彰碑を建立した81年から続く」とのことでした。

テロリストを顕彰するような行為が「政治による両国関係の悪化はあってはならないこと。国民同士の親密な交流で困難を乗り越えたい」ことになぜなるのか。憎しみを増すだけです。いっそ、ソウルで閔妃とその暗殺について協力関係があったとされる三浦梧楼と大院君の合同慰霊祭でもして同じ台詞を吐いたらどうでしょう。

二重国籍は正義に反するということを理解してほしい

テニスの大坂なおみ選手に「二重国籍を認めてあげてよいのではないか?」という世論調査をしたら、圧倒的に「イエス」が多いと思います。私も個別問題としてプラスマイナスを論じるなら日本にメリットが多いと思います。ところが、個別論を認めてしまうと、一般論の変更まで迫るものになりかねないので、その整合性をきちんと取っていかなくてはなりません。「大坂選手の二重国籍は認めるけれど、在日の外国人には二重国籍は認めない」ということになりかねません。

ひとつの考え方として、韓国が採用しているように、文化や経済に特別に功労がある人には特別に国籍を認めるというものがあります。私としては、こういう「新自由主義的」な政策はあまり気が進まない方法ですが、それで国籍取得者を限定できるなら、検討の余地はあると思います。

また、大坂選手はアメリカの国籍のほうがいいかもしれません。「オリンピックで金メダルを取ってくれそうだから日本国籍にしてほしい」などという大衆の勝手な願いはともかく、個人としてはアメリカ国籍を持っているととても便利なはずです。

アメリカは、外国人のアメリカでの活動に厳しい制限をかけることがあります。アメリカでの生活や仕事を望む人にとっては、アメリカ国籍はとても値打ちのある権益となります。だから、大坂選手本人がアメリカ国籍と日本国籍の間でアメリカ国籍を望んだとしても、その気持ちは理解できます。

ただ、仮に日本とアメリカの二重国籍が認められるとしたら、グローバルなビジネスを展開する場合、日本国籍だけの人よりも、アメリカ国籍も持っている人のほうが圧倒的に有利になることでしょう。会社員であろうが事業家であろうが、ここに日本だけの国籍の人と日米二重国籍の人がいれば、圧倒的に二重国籍の人は有利にビジネスを進めたり、アメリカ留学や駐在のチャンスを得たりすることができます。

私はそういうのはフェアでないという考えです。韓国で二重国籍を限定的に認めたのが、かなり極端な新自由主義的経済政策を取って大企業優遇と批判されていた李明博政権だったことはその象徴です。

韓国では二重国籍、兵役逃れ、海外移住、タックスヘブンを使っての節税といったことにリベラルな政治勢力はネガティブですが、こちらが正常な感覚だと思います。日本でも東京などの富裕層や政財官界の有力者には二重国籍容認論が強いのですが、それは、そのような人の家族や友人に欧米などとの二重国籍を使っておいしい目をしたいと考えている人が多いからです。

ですから、私が二重国籍に反対だというと友人や、特に霞が関のかつての仲間から、「うちの子や孫が二重国籍を認めてくれると便利だというので反対を止めてくれませんか」と陳情されます。しかし、これは正義に関わることですから譲れません。

ただし、一方で、日本人でアメリカ国籍を持っている人が増えることが日本の企業などにとって便利であるのはたしかです。そういう意味では、アメリカとは二国間協定でも結んで、二重国籍を認めるということはありかもしれません。

ただし、その場合は両国政府が互いに二重国籍者の情報を細かく共有すべきです。なぜなら、テロや脱税の温床にしてはいけないからですし、選挙権の二重行使を防ぐとか、パスポートは一度に所持できるのは片方だけにすればいいのです。

そもそも、二重国籍は第一次世界大戦後に近代的な国籍制度が成立していく前に、多重国籍の人が現実にいましたし、各国の国籍制度が多様なので、やむを得ずそうなっているだけです。理想は各国の制度が統一され、単一国籍の原則を確立しつつ、両親が違う国籍だとか、国際結婚とか、政治亡命や難民だとかについて適切な対処ができるように措置することだと思います。

二重国籍を認めても、パスポートはひとつの国のものだけを使い、それに他の国籍も記入するという方法であるべきだと思います。それなら意味はない」という人は「義務は一人分、権利は二人分」を望んでいるだけです。

韓国や北朝鮮との二重国籍容認を企む人たち

ところで、このように大坂選手の二重国籍についての議論をしていたら、「大坂選手の二重国籍を認めるべきだ」とおっしゃっていた方が、「中韓朝とは慎重であるべきだが」というコメントをされたので、苦笑いしました。

私も一般論は別として、中韓朝などとの二重国籍者が増えることは、日本の安全が非常に危惧されると思います。そもそも、アジアでは二重国籍という伝統はありません。北朝鮮の国籍事情についてはそもそもよくわかりませんが、中国は二重国籍を厳しく禁じ、最近はさらに厳正に運用する方針のようです。

韓国は、李明博政権の時に限定的に認めたことはすでに書いたとおりですが、風当たりは強く、康京和《カンギョンファ》外相の就任時に、彼女の娘が「合法的」な二重国籍であるのに、叩かれていました。在日韓国人の兵役については、今のところ免除されていますが、論理的にないわけではありませんから、いつどうなるかわかりません。

台湾は「中華民国籍」の人口を多く見せたいという特殊事情があり、二重国籍を認めていますが、旅券や被選挙権について厳しい規制があります。

しかし、在日朝鮮人の中には、特別永住者を二重国籍にしてほしいという声もあります。しかし、それはまったく御免被りたいと思います。**帰化にせよ二重国籍にせよ、日本国に対する忠誠心がない人は排除すべきだと考えます**。

また、北朝鮮問題を考えると、日本人が北朝鮮を訪問することは厳しく監視されていますが、例えばヨーロッパとの二重国籍者の場合、日本を出る時は日本のパスポートで出国し、北朝鮮にはヨーロッパの国のパスポートで入国して、帰りはまた日本の旅券で戻られては足取りをつかめないという問題が起きています。

やはり、旅券を複数持つことは問題ですし、それを適正に管理しないのであれば日本旅券は出せないという厳格な姿勢で臨むことが大事です。

在日の人々のことを総合的に取り上げるのは別の機会にしたいと思いますが、**在日の人に認められている特別永住については、いつまでも変則的な制度を続けることはやはりおかしいと思います**。

大雑把には、かつて領土だった地域の関係者に限らず、その国で生まれ育って母国の言葉も話せないとかいう場合に、例えば、犯罪を起こしたりしても追放できるかというのは、テロなどともからんで世界中でも悩みのタネです。そういうケースが生じた際にはどうするかの国際的な常識の確立が望まれますし、日本も公平な制度を構築すべきです。そして、特別永住者の制度もそこに統合すべきでしょう。

また、今の日本では、身分証明書の取得も携帯義務もないのをはじめ、なりすましも、背乗りも簡単にできます。

それは、かつてのように単一民族的で閉鎖的なムラ社会だった頃の日本では可能でしたが、今では危なくて仕方ありません。国際化が進めば、日本人についてもある程度、管理を国際水準までは強化すべきです。そうなると、今、特別永住者の特権になっていることもほとんど意味がないことになると思います。

第五章

1時間で読める日韓関係の2000年

稲作は中国の江南地方から朝鮮沿岸経由で伝わった

日本列島と大陸や半島の交流は、東アジアに人類が住み始めた頃からありました。新羅語を継承する朝鮮語と日本語は、縄文時代に分化したと言われますが、分かれた場所が日本列島か、半島か、第三の別の場所かは不明です。少なくとも、朝鮮語から日本語が分かれたわけではありません。最初にそれぞれの言語を話した集団と現在の日本人や韓国人が同じ人種集団とも限りません。少なくとも現在の日本人は、はるかのちに移住してきた弥生人が多数派ですから、一致しません。

稲作でも陸稲などは半島北部でも可能ですから華北から満洲南部、半島を経由しても少し来たかもしれませんが、本格的な水田耕作は中国の江南地方、つまり、長江流域からもたらされたものです。

その場合、当時の航海術では東シナ海を安全に横切るというのは不可能でしたし、稲作が沖縄など南島経由で伝わったという可能性は現在では学問的に否定されていますから、弥生人たちは朝鮮半島の沿岸を通ってきたと見られますが、いったん半島に定住してからやってきたと考える根拠はありません。

なにしろ、半島南部でも日本の東北地方と同じような緯度ですから、日本列島ほど急速に水田耕作が発展するのは無理な話で、稲作民は、かなり速やかに対馬海峡を渡って日本列島に新天地を見出したはずです。

ですから、紀元前後の状況を鑑みると、中国の遼寧省《りょうねいしょう》（満洲南部）から半島の平壌あたりにかけて漢帝国が楽浪郡《らくろうぐん》などを置いて漢民族が住み、半島のその他の地域は諸民族が混在する未開地域で、海峡の反対側の日本列島には、金印で有名な奴国《なのくに》（福岡市付近）などが半島よりは進んだ農業国家として発展を始めていたということだったわけです。

そして、3世紀になると、後漢末の混乱を鎮めた魏が楽浪郡（平壌）やそれより南に置いた帯方郡《たいほうぐん》（黄海道周辺）を支配、日本列島ではおそらく九州に邪馬台国があり、半島南部は徐々に国らしきものができてきたが、列島に比べれば未開地域のままでした。

魏は帯方郡を通じて邪馬台国と交流していますが、魏の遣いは、ソウル付近から釜山付近までは陸路でなく海路で移動しています。また、日本列島が「その風俗は淫らならず」とされたのに対して、半島南部は「ただ囚徒《しゅうと》・奴婢《ぬひ》の相聚《あいあつ》まれるがごとし」とされていたほどで、日本より半島がだいぶ文明的に遅れていたことに間違いはありません。

神功皇后『三韓征伐』から見えてくる朝鮮半島の正しい歴史

日本と韓国の国家同士としての交流は、神功皇太后の『三韓征伐』と言われる出来事から語るべきでしょう。それが、「万世一系」と言われる皇室によって継承されている日本国家と、のちに韓国・朝鮮国家に発展する新羅や、そのライバルだった百済、高句麗との最初の出会いだからです。

日本列島では、邪馬台国の全盛期だった時より少しあとの3世紀後半に、崇神《ずじん》天皇によって大和国と本州中央部が統一され、4世紀になると筑紫地方も勢力圏に入り列島が統一されました。私は「邪馬台国九州説」支持です。大和朝廷は邪馬台国が滅びて数十年以上後にその故地である筑紫地方にやって来たので記憶にないというだけのことだと思います。

どちらにしても、神功皇太后（1926年までは歴代天皇のひとりとして扱われていました）は、半島とのつながりが深かった地元の豪族の要請によって一緒に半島に遠征して、半島南東部である辰韓《しんかん》地方の有力勢力だった新羅と戦って従わせ、南西部の馬韓《ばかん》地方の有力国でソウル付近にあった百済と友好関係を樹立したということでしょう。

高麗時代になって編纂された『三国史記』という新羅・百済・高句麗の正史では、「新羅が負けた」とははっきり書かれていませんが、「346年に倭国の大軍に首都を囲まれた」としていますし、369年に百済王から神功皇太后に献上された「七支刀」が奈良県の石上神宮に残っていますから、神功皇太后による日本軍の侵攻のだいたいの年代が特定できるわけです。

このあと、4世紀の終わりから5世紀にかけては、日本と高句麗が南北から半島南部を挟む形で勢力を競いました。また、新羅と百済はそれぞれ周辺の小国を従えて成長していったのです。別に日本の韓国への侵略ではありません。群雄割拠だった半島南部で、日本、高句麗、新羅、百済が覇権争いをしていたというだけの話で、ともかく、この段階では朝鮮民族も朝鮮国家も存在しなかったのです。

ちなみに、高句麗は満洲の扶余《ふよ》族であり、百済の王室は高句麗王室の分家だとされています。新羅王室の祖は卵から生まれたというのでなんとも言えませんが、3つある王家のひとつは日本のタバナ国、おそらく丹後か但馬あたり出身の日本人です。

いずれにせよ、新羅（辰韓）と百済（馬韓）では、「言語系統も風俗も違う」と中国の史書にはあります。

また、新羅にしても百済にしても、王室と住民が同じ人種系統かどうかもよくわかりませんし、「韓族」と総称できるような土着の集団がいたとは思えません。

この4つの国の興亡は、412年に没した高句麗の好太王《こうたいおう》（広開土王《こうかいどおう》ともいい、自衛隊機にレーダー照射をした艦船の名前になっている）の記念碑（首都丸都に近い吉林省集安市の鴨緑江河畔に所在）に詳しく書かれていますが、まさに一進一退であり、新羅・百済など半島南部の諸国は日本と高句麗とあっちに付いたりこっちに付いたりしたようです。ただ、百済はおおむね日本寄りでした。

5世紀になると、日本からは〝倭の五王〟と呼ばれる王者が中国の南朝の東晋と宋に使節を送っていました。中国では後漢が滅びた後、日本でもおなじみの魏・呉・蜀による三国時代（そのうち華北を支配した魏が邪馬台国と交流しています）となり、それを統一したのが魏の重臣だった司馬炎《しばえん》（司馬懿《しばい》の孫）が禅譲を受け建国した西晋《せいしん》でした。

しかし、北方民族の侵入に耐えかねて南京に移って東晋となり、東晋から宋に変わります。この頃、華北は鮮卑《せんぴ》族の北魏が支配し、南北朝時代と呼ばれます。

6世紀後半になって南北朝時代を終わらせて中国を再統一するのは、北魏の大貴族から出た隋であり、それを引き継いだのは同じ出自の唐ですので、そちらが正統のように誤解する人もいますが、漢帝国の伝統を継承する正統王朝は南朝のほうでした。

倭の五王の時代、半島南部は日本固有の領土だった

「倭の五王」の使節の最後になった478年の倭王武の上表文は、私は古代史における最重要の文書だと考えています。なぜなら、内容が形式的な儀礼的な文書でなく、日本の歴史や外交的な主張をきちんと反映したもの、いわば古代の大王の肉声が聞こえて来るような文書だからです。しかも、内容が『日本書紀』ともほぼ符合しています。

『日本書紀』は正史として高い信頼性がありますが、3世紀以上もあとに編纂されたのが欠点です。それに対して、この手紙は同時代に書かれたもので、しかも、日本側で書いたものですから信頼性が格別に高いのです。

内容は、高句麗がその前々年に百済の都だった慰礼城を落城させていったん百済を滅ぼした状況を受けて、高句麗に対抗するための助力を要請したものです。

「昔からわが祖先は、みずから甲冑をつけて、山川を越え、安んじる日もなく、東は毛人を征すること五十五国、西は衆夷を服すること六十六国、北のほうの海を渡って、平らげ

ること九十五国に及んでいます」

つまり、大和朝廷が畿内で建国されて、東西日本と半島南部をほぼ均等に支配していることを示しています。つまり、この時点では、朝鮮半島南部は大和の領土ですが、東北地方はそうでなかったことがわかります。つまり日本国は統一された時には、関東から半島南部までが領域だったのです。

そして、「代々、皇帝のもとにご挨拶に参っておりましたが、私も、ふつつかものながら跡を継ぎ、百済を通り、使いの者を派遣したところです」と言っています。

ところが、「近年は高句麗が（ソウル付近まで）進出して暴虐を働くので、容易に南京まで使いを派遣できないことになって困っています」とします。

そして、「父の済王（允恭天皇《いんぎょう》）は、高句麗が道をふさぐのを憤《いきどお》り、百万の兵士を送ろうとしたのですが、父も兄（安康天皇《あんこう》）も急死し、私も喪が明けるまで兵を動かせませんでした」「もし皇帝の徳でこの高句麗をやっつけて平和になれば、引き続き皇帝への礼を尽くします」と、南京の皇帝へ礼を尽くす使者を派遣するのは高句麗征伐の条件付きであると、丁寧ながらも釘を刺しています。

そして、すでに「開府儀同三司（三大臣クラス）」「使持節都督倭・新羅・百済・任那・

加羅・秦韓・慕韓六国諸軍事を自分で名乗ってますが、これを追認いただきたい」といいます。ところが、皇帝は「開府儀同三司」はもったいないと思って認めず、また、「諸軍事」の対象として百済を外して残りだけを認めます。

この中途半端な外交判断の結果、倭国から二度と南京に使節が来ることはありませんでした。肩書きを認めたら引き続き礼を尽くしてあげようと提案したのに、十分に満足できる肩書きを出さなかったので、雄略《ゆうりゃく》天皇は朝貢することを差し止めました。現代風にいえば「国交断絶」です。

日本の南朝鮮支配は幻なんかではない

それでは、この文書の内容をもとに5世紀後半の朝鮮半島の情勢を考えてみましょう。中国の南朝は、倭王珍が438年に求めた「倭・百済・新羅・任那・加羅・秦韓・慕韓六国諸軍事」の肩書き要求に対して、451年に倭王済に対し、百済を除いてこれを認めています。

まず、「百済・新羅・任那・加羅・秦韓・慕韓六国」の意味を明らかにする必要があるでしょう。新羅は秦韓の一部、百済は秦韓（馬韓）の一部、任那は加羅諸国の一部のはずですから重複しているのですが、これは当時の慣用的表現だったのでしょう。

新羅は秦韓（辰韓）16カ国のひとつ斯盧国《しろこく》とされています。しかし、ある程度のまとまった国になったのは、奈勿尼師《なこつにし》が即位した356年頃と見られていますが、この段階では慶州とその周辺のみを領していたと考えられます。

任那はもともと慶尚南道西部の「金官国《きんかんこく》」のことだと言われています。そして加羅、つまり伽耶諸国は旧弁韓の残りの部分のことでしょう。つまり、全羅南道東部を含む地区です。ただし、『日本書紀』でいう任那は、半島での日本支配地域全体を指す言葉として使われています。

募韓（馬韓）は、京畿道から全羅道にまで及ぶ地域で数十国からなっていましたが、その中の伯済国《はくさい》が4世紀に発展したものです。百済は高句麗に押されて、ソウルを奪われたので、雄略天皇から忠清南道方面を下賜されて引っ越したと『日本書紀』にはあります。

こういうわけですから、記紀という日本側の記録、中国政府の承認、好太王碑という同時代の半島の記録と、これだけ材料がそろっていてもなお、日本の南朝鮮支配が幻だと主張するのは、歴史とは離れた文学的なファンタジーの世界です。

文明の総合商社として日本に貢献した百済

中国との外交関係を絶った日本は、百済を通じて中国の文物を輸入することにしました。そのほうがコストも安く、言葉も通じやすく手っ取り早かったからです。百済には中国からの移住者も多くいて、例えば、王仁《わに》博士も秦氏も止利仏師《とりぶっし》もみんな漢民族です。

ですから、大陸文明の導入に百済は関与してくれたが、言ってみれば、大阪の在日三世の人がキムチの作り方をアメリカに行って教えたようなもので、これを「日本のアメリカへの文化貢献」と普通は言いませんから、「百済を兄で日本を弟」というような言い方は、日本人が言えばつまらん世辞ですし、韓国人が言えば思い上がりです。ただし、そういう誤った認識の責任の一端は朝鮮総督府にあるというのは、すでに説明したとおりです。

ただ、百済も見返りがなければ日本が望むものを渡さないので、日本の支配下にあった任那のうち、百済に近い全羅南道を譲るとか（任那四県割譲）、百済と日本支配下の伽耶諸国の紛争でも百済の肩を持ったりしました。その結果、伽耶諸国が新羅に接近することになり、いわゆる任那滅亡という事態になったのです。

任那には日本府という出先があったと『日本書紀』には書かれていてます。朝鮮総督府のような直接的な行政機関ではありませんが、何らかのお目付役がいたと考えるのが普通なのではないでしょうか。

また、日本の半島支配は、当然にそれなりの数の日本人の半島への移住や居住を伴いましたし、逆に、それよりはるかに大きい数の百済人などの日本への流入をもたらしました。平安時代の『新撰姓氏録《しんせんしょうじろく》』では、3割が帰化人でその主流は漢族ですが、その中に秦氏や坂上田村麻呂《さかのうえのたむらまろ》に代表されるように百済経由の氏族が多くいますし、韓族でなく百済人と名乗る亡命者らしき人たちもそれなりの割合でいます。その中で、桓武天皇の母である高野新笠《たかののにいがさ》、藤原冬嗣《ふじわらのふゆつぐ》の母である百済永継《くだらのながつぐ》、鎮守府将軍になった百済王敬福《くだらのこにきしきょうふく》、それから戦国大名の大内氏の先祖などは、百済王室の男系子孫です。

そういう意味では、百済からやってきた漢族と百済人を合わせたら、日本人のＤＮＡにおいてそれなりに重要な一部を占めています。一方、半島に残った百済人もいましたから、百済人は日本と韓国それぞれにおいて同じように先祖の一部であって、韓国人の先祖という捉え方は間違っています。百済は滅びて人々は四散したのですから、日本と百済の関係は、韓国や韓国人に継承されたのではないのです。

メリットがなくなった新羅との国交の終焉

新羅と日本は地理的に近いので、互いに百済以上に直接的な関係が生まれる素地がありました。国引きをめぐる出雲神話もあります。

しかし、新羅の第4代王・脱解尼師今《だっかいにしきん》が日本人であることは、新羅の正史にも載っていますが、日本の支配層で新羅から来た人がいたという形跡は史書にも民間伝承にもなく、戦後になって生まれたフェイク史観に過ぎません。

また、新羅は地理的な位置から中国文明の受容は遅れましたので、百済のように仲介役としても機能していません。新羅は中国南朝からは日本の勢力圏として認められていましたが、日本に従ったり離れたりとにかく忙しい国で、6世紀になると急速に発展し、日本にとっても脅威になりました。

一方、中国では589年に隋が南北統一に成功したので、日本としても無視できなくなりました。そして、隋が高句麗と対立していたし、隋も日本を大事にしたかったので、遣隋使の派遣という流れに至ったのです。つまり、百済を介さない直接外交です。そして、隋は滅びて唐になったことから、日本は遣唐使を出しました。

朝鮮半島では、7世紀に日本と高句麗と百済が同盟し新羅は窮地に立ちました。そこで、新羅は独立国としての誇りを棄てて、唐に臣従します。つまりそれまでも朝貢していましたが、今度は、暦も棄て姓名も服装も唐に倣《なら》い、国王も唐の皇帝に任命されて初めて即位することにしました。

そして、新羅に支援されて唐は百済を滅ぼし併合しました。そこで、回復を狙った日本は「白村江の戦い」(663年)で敗れましたが、百済を滅ぼして併合したのは唐であって、新羅ではありません。いったん唐に併合された百済の故地を、唐が吐蕃《とばん》との戦いで揉めている時に新羅は唐から奪ったのです。

このことで新羅と唐の緊張が高まり、一時的には新羅は日本に従うような素振りを見せましたが、渤海の勢力が拡大すると、新羅と唐は和解し、新羅は平壌を流れる大同江までを獲得しました。そして、新羅はついに唐の忠実な従属国となり、日本との関係は微妙になりました。特に問題になったのは、「任那の調」と言われるもので、任那が日本に納めるべき上納金を現実に占領している新羅が払っていたのですが、これを納めたり納めなかったりしたわけです。

日本では、時の権力者だった藤原仲麻呂は、唐が「安禄山の変」（755〜763年）で弱体化したのを見て新羅討伐計画を立てました。しかし、孝謙《こうけん》上皇との対立などで延期しているうちに仲麻呂が失脚し、実行されることなく終わります。これを「新羅侵略計画」とか言う人がいますが、そもそも、「新羅（韓国）が日本固有の領土である任那を侵略し、友好国百済を唐が侵略するのに荷担し、その旧領をのちに横領した」というのが真実で、この仲麻呂の出兵計画が実現しなかったのは、誠に残念なことでした。

しかし、唐の混乱と新羅の内紛を受けて、またもや、新羅は日本に融和的な方針となり、779年に派遣されてきた正月参賀使節は、土毛《どもう》だけでなく、税金にあたる「調」を持ってきました。

そこで、日本は調子に乗って次回からは正式の朝貢であることを意味する「上表文」を持ってこいなどと言ったものですから、その後、新羅からの使節そのものが来なくなくなり、断交した形となりました。

日本としては、特に通交するメリットもなくなっていたので、新羅が任那の調を持ってきたことで潜在主権を認めたものと了解して満足し、打ち止めにしたわけです。

一方、高句麗の遺民がツングース系の靺鞨《まっかつ》族とともに建国（698年）したのが「渤海」

です。渤海は唐及び新羅と対立していたので、日本とは友好関係を望み、728年から922年までに34回も朝貢してきました。

のちに、渤海を滅ぼした「契丹」が継承国家として東丹国を建てましたが（926年）、日本は契丹を継承国家と認めず、朝貢使節を拒否しました。また、遣唐使も菅原道真の提案で休止しました。そして、半島では936年に「高麗」が新羅・後百済との「後三国時代」を統一します。

以上のような経緯を得て、日本は大陸との関係を維持するメリットを感じなくなって絆を断ち、室町時代における懐良親王《かねよししんのう》や幕府による変則的な明や朝鮮、さらに、江戸時代の朝鮮通信使を通じた幕府と朝鮮王国との関係を別にすると、明治維新まで日中の国交がもたれることはなかったのです。

ここで、もうひとつ、高句麗と渤海を巡る中国と韓国の歴史論争があります。歴史的な流れとして、高句麗は満洲で生まれた国であり、言語系統も韓国語とは違いますし、唐に滅亡させられて併合された国です。ただ、その領地のごく一部を新羅がのちに併合しました。しかも、高麗の建国に高句麗の残党が関わりました。そのことから、韓国側では高句麗を継承しているといって中国を怒らせています。

　また渤海についても、その建国に高句麗遺民が参加していています。しかし、渤海を高麗や李氏朝鮮と関連がある国とは誰も考えていなかったのですが、戦後になって朝鮮民族の国だったと北朝鮮が言い出し、韓国もたちまち採用しました。そこで、従来は、統一新羅の成立をもって韓国・朝鮮国家の成立と考えていたのですが、現在では新羅と渤海の南北国時代といい、高麗の成立をもって統一国家ができたというのが公式史観です。ファンタスティックで素晴らしいとも言えますが、こういう調子でフェイク史観が次々に生まれ外交問題を引き起こすのですから周辺国はたまったものでありません。

元寇は高麗との共同事業で元・高麗寇だ！

　11世紀になると、藤原頼通が摂政だった1019年に刀伊《とい》（女真族）の入寇がありました。当初は、女真族を装った高麗の攻撃ではないかという疑いもありましたが、高麗が拉致された捕虜を送還してくれたことで嫌疑は晴れました。高麗は、のちにモンゴルの手先となって元寇に加わりますが、前半期はむしろ親日的で、1088年には国王の眼病を治すために医師を派遣してくれという要請もしてきたほどです（日本は治療に失敗すると恥だと考え、これを拒絶していますが）。

やがて北方ではモンゴル帝国（蒙古）が台頭して高麗も降伏し、世子（皇太子）を人質に出し、王妃をモンゴルから迎え、大量の美しい女性を毎年、献上することになります。クビライ・ハンは高麗に日本への戦いの準備と使節を出すことを求めましたが、高麗王は戦費の負担を嫌い、最初の使節には「風浪が厳しい」といって渡海を諦めさせました。それに怒ったクビライは、返事を必ずもらってくるように厳命します（1266年）。

しかし、日本は朝貢を拒絶したので、元寇が派遣されます。その時に、高麗は主力部隊となる兵力を参加させ、船を用意しました。また、高麗王世太子でモンゴルの宮廷にあった忠烈王は、自分の立場を強めたいがためか、派兵を催促しました。そして、**対馬・壱岐や九州で大量殺戮《さつりく》をし、多くの日本人を拉致しました**。

そして、これを奪還すべく組織されたのが「倭寇」の始まりです。それに対して、高麗に代わって成立した李氏朝鮮は日本に派兵して侵略しましたが、やがて、室町幕府が安定すると、西日本の大名は、朝鮮王国と交流を始めます。その中でも、周防の大内氏は百済王の子孫であることを看板にし、対馬の宗氏は幕府の家臣ですが、朝鮮国王とも特別の関係を持ちます（中世ではこのような両属関係はヨーロッパでもよくありました。ただし、両属関係といってもふたつの国と同じような関係を平行してもったわけではありませんから、それをもとに韓国人の一部が対馬について領土要求をするのはおかしなことです）。

幕府に対しても、朝鮮国王は何度か通信使を派遣してきました。この接遇について、京都では、新羅・百済の時代のように従属国として扱えという議論もありましたが、格式張らない扱いですませました。ただし、それは対等の国として認めたのではありません。韓国人には気に入らないことかもしれませんが、江戸時代も含めて、明治以前に日本が半島の国と対等の外交を結んだ憶えは一度としてありません。

文禄・慶長の役は大勝利で秀吉の死で撤兵しただけ

戦前には、日韓併合や大陸進出の先駆として豊臣秀吉の朝鮮遠征を捉える向きもあり、それも太閤人気が高かったひとつの理由となっていますが、戦後はその反動として秀吉の朝鮮遠征を暴挙として捉え、侵略であり、外交としても血迷ったと判で押したようにいうのですが、どっちも極端すぎます。

中国はしばしば貿易を朝貢貿易に絞りたがりました。しかし、例えば、遣唐使の時代も新羅船による私貿易も厳しくは取り締まられなかったのでよかったのです。ところが、明は朝貢貿易の枠を極端に絞り、私貿易も厳罰に処したので貿易量が不足し、周辺諸国も中国の沿岸住民も困りました。

これが第2次倭寇と呼ばれる、日本人だけでなく中国人も加わった倭寇が跋扈《ばっこ》した原因でした。しかし、今度は倭寇の跋扈を理由に明は対日貿易を縮小しました。そして、南蛮船もやって来て、実質的に日中貿易で莫大な利益を上げました。

こういう状況にあって、天下を統一した豊臣秀吉が明との貿易を望んだのですが、明は拒否しました。それに怒った秀吉が、それなら明を征服して自分が東アジアの盟主になると言い出したわけです。

たしかにそんなことを言い出した日本人は初めてですが、中国の周辺民族の多くが中国征服を目指し、多くが成功しているのですから、そんな無茶な発想とは言えません。また、かつて、元は高麗に命じて日本攻撃に参加させていますから、朝鮮に日本が要求したのも、今度は日本につけと要求しただけです。そして、朝鮮王国は日本より明を選びました。だから、秀吉は協力させようと派兵したということです。

朝鮮側は秀吉の本気度を読み間違い、まっとうな交渉も防衛準備もしませんでしたので、本当に攻めてきた時は、あっという間に攻め込まれ漢城も陥落し、国王は北に逃げ出しました。この頃、政道も乱れていたので民衆も協力せず、景福宮《けいふくきゅう》が焼かれたのも日本軍の手によるのでなく、民衆の略奪でした。

しかし、日本軍もまた準備不足で、占領地統治や兵站《へいたん》（後方支援業務）に支障を来し、明軍の反撃が始まると平壌を撤退し、漢城の郊外の碧蹄館《へきていかん》で明軍を撃破したものの膠着《こうちゃく》状態になりました。そこで、休戦が模索され、双方の和平派が、それぞれ明の朝廷と秀吉を騙すような形で話をまとめようとしたのですが、無理があり慶長の役になります。

今度は、秀吉も慎重を期し、まず、南部の拠点に橋頭堡《きょうとうほ》（敵地での前進拠点）を築き、1599年の春を待って総攻撃を準備します。おそらくこれは成功して領土割譲など有利な条件での和平となったはずですが、秀吉の死でいったん撤退することになりました。

そこで、明軍は元気になって反撃を開始、日本軍は苦戦しましたが、あくまでも撤退決定を聞いてのことであって、明の史書でも秀吉の死で苦境を脱したという扱いです。**李舜《イスン》臣《シン》の水軍が大活躍したという話がありますが、事実でありません。**そこそこ、健闘したのは事実ですが、日本側の制海権が失われたことはありません。

李舜臣も敗戦の中で戦死したのですが、戦死したがゆえに英雄に仕立て上げられたと言うべきですし、有名な亀甲船も目新しいものでなく、東郷元帥が尊敬していたという話も都市伝説です。

そして、徳川家康は、和戦両睨みで交渉をし、朝鮮通信使という一種の朝貢使節の派遣と中国との貿易を斡旋することで手を打ちます。と言うよりは、豊臣との対決があって、それどころでなかったわけです。ちなみに、関ケ原の戦いの直接の原因は、家康が上杉景勝に第3次朝鮮出兵の相談のために上京するように要求したのに応じなかったので、会津攻めに至ったとのことです。

明はこの戦争ですっかり痛めつけられ、その間に勃興した満洲族の「後金」（清）に滅ぼされます。朝鮮はまだ清が万里の長城をめぐって明軍と争っている時期に、蝙蝠《こうもり》的にどっちもつかずの態度を取っていたところ、皇帝ホンタイジの征伐を受け、漢城郊外の三田《さんでん》渡《と》で三跪九叩頭《さんききゅうこうとう》という屈辱的な儀式をさせられて、これまでの明に対する以上に卑屈な立場に追いやられて、その立場を解消するには日清戦争を待たねばなりませんでした。

朝鮮通信使は、基本的には朝鮮側が徳川将軍の就任を祝うために挨拶に来るということですから、朝貢使節です。ただし、朝鮮国内でそういう上下関係があるというのは明・清との関係でもまずいので、明確に認めなくてもいいように言い訳はいろいろとしていました。対等の関係だとかいう認識は幕府側にはありません。

そして、対馬藩は釜山に「倭館」という使節を持ち、ここを舞台に小規模な貿易もありました。言ってみれば、55年体制の下で、社会党や朝鮮総連が日朝間で最低限のパイプだけは維持しておこうとして持っていた関係に似ています。

どちらにしても、何十年に一度だけ朝鮮から使節が来るというような希薄な関係をもって、素晴らしい友好善隣関係だというのは笑止千万です。

対馬藩の雨森芳州《あめのもりほうしゅう》という儒者は、「誠信の交り」を提唱したとして、韓国の盧泰愚大統領が国会での演説で褒めて有名になりました。ただし、現実の雨森と朝鮮側がそれほど良い関係だったわけではありません。しかも、雨森は朱子学を学んで中国に心酔し、日本人として生まれたことを大いに悔やんでいた人です。

日清・日露戦争の原因は大院君と閔妃の舅と嫁の対立

明治新政府は、対馬藩を通じての外交を止め、新政府が万国公法に基づく対等の外交を結ぶことを提案しました。ところが、朝鮮王国の実力者で国王の父だった大院君は、日本が「天皇」とか「勅書」とか書いた手紙をよこすのは清に対して失礼だと突っ返しました。そこで、日本は先に清と交渉して対等の外交関係を結びました。

朝鮮の期待に反して、清は日本との関係は歴史的にも上下関係とは言えず、欧米諸国と同じような関係でよいと考えたわけです（遣唐使の朝貢などはありましたが、ローマ帝国やイギリスの使節も朝貢扱いでしたから同じでした）。その上で交渉し、江華島条約で有利な内容の条約を結びます。

このあと、朝鮮では、大院君と閔妃が対立し、しかも、それぞれが日清を天秤にかけて提携相手を取っ替えながら利用して、大混乱を引き起こします。どちらの側も国のことより自分優先ですから困るのです。また、清との関係を重視する守旧派と日本をモデルにしたい改革派も対立しました。

最後は、それが日清戦争に発展してしまい、日本の勝利で朝鮮王国は完全独立してのちに大韓帝国になります。これで、日本の影響をある程度は受け入れながら独立国として自立すれば誰も文句はなかったのですが、またもや、閔妃や高宗はロシアを引き込んで日本を抑え込もうとしました。

しかし、これでは日本もその背後にいる英米もたまったものではありません。また、大院君もまだ健在でした。そうした中で、閔妃暗殺事件（日本が関与したのは事実だが大院君など朝鮮側参加者との関係の詳細は不明）、高宗のロシア公使館への長期滞在や多くの政変を繰り返しながら、この火遊びが日露戦争になってしまいました。

日本の勝利により、諸外国は日本による保護国化を認めました。これに対して、高宗はハーグ密使事件を起こして抵抗しました。また、朝鮮統監に任命された伊藤博文は統合は避けたい、あるいは、統合となっても自治をそこそこ認めたいと動きましたが、安重根がなぜか韓国の側に立ってくれていたほうの伊藤を暗殺してしまったので、１９１０年に日韓併合になってしまいました。

日韓併合は強制ではありませんが、強い圧力の下で行われたのは確かですから、現代的には申し訳ないというのは、率直に認めたほうがいいと私は思います。ただ、**原因は主として稚拙な外交を繰り返した韓国側にあるというのを否定する必要はありません**。ここのところを日本人は、肝に銘じておくべきです。

それからしばらく、統治体制が整うまでは強権的な朝鮮総督府による支配がありました。そして、すでに前章で書いたように、第一次世界大戦後の世界的な民族主義の高揚の中で三・一運動という独立要求事件がありましたが、これを機に日本政府は、人員や予算を増やして、融和ムードで内鮮一体化路線を進めました。

その後は、さして大きな反日運動も半島内では見られず、民政や教育の改善も著しく平穏な統治がされました。日本が朝鮮を併合したのは、経済的な利益を得ることより、安全保障上の生命線を確保するためでしたから、朝鮮の人々に喜んでもらおうと、採算度外視の経営をしたのです。

ただ、戦争が激化するに伴って、内鮮一体化の一環として、創氏改名がやや強引に進められたり、国政への参政権の付与が決まる反面、徴兵制や徴用も実施されたりするなど、ある意味で皇民としての義務も要求されました。

しかし、それも、1945年の突然の終戦と、その後の米ソ両国による軍事占領によって、日本との関係は正常なプロセスを踏むことなく暴力的に断ち切られたのです。

朝鮮半島の南北分断に日本の責任はない

アメリカにとっても韓国にとってもバカげたことは、第一にソ連との南北分割占領を認めたことでした。第二に、ソ連に比べてアメリカには統治する準備もないのに日本の統治

機構を破壊したことです、

アメリカは信託統治をするつもりでしたが、それをソ連が承知せず、1948年に大韓民国と北朝鮮が建国されてしまいます。しかし、南の混乱は続き、それを見た北朝鮮は38度線を超えて朝鮮戦争になりました（1950～53年）。

ソウルはたちまち陥落し、釜山付近を残して占領されましたが、米軍の体制が整い逆に鴨緑江まで進みました。しかし、ここで中国義勇軍が参戦し、結局は膠着状態になりました。この戦争で、朝鮮半島では、人口の約20％の人たちが亡くなり、荒野は荒れ果てました。日本に責任はありませんが、誠に気の毒なことでした。

しかも、南の李承晩政権は無能ぶりを発揮するばかりで、南北には大きな格差が付きました。それを挽回させるために、アメリカの強い要請で進められたのが日韓交渉ですが、李承晩の非現実的な交渉方針ではまとまるはずもないまま、1960年にクーデターが起きました。さらに、同じ年には、朴正煕の軍事政権が成立して、そのもとでようやく、1965年に日韓基本条約が結ばれました。内容は国際的な常識を無視して韓国側に有利なものでした。というのは、岸信介元首相を筆頭とする親韓派が、北朝鮮との対抗上、韓国を支援してやるべきだと運動したからでした。

そして、日本の支援もあって、「漢江の奇跡」と言われる経済成長が実現され、1970年台には南北の力関係が逆転。1988年のソウル五輪開催は、ひとつの到達点でした。この頃には、政治も民主化されたのですが、そうすると、各政治勢力が国粋主義的な「反日路線」を競うようになりました。

しかも、それに日本国内の革新勢力、北朝鮮、中国なども呼応するものですから、韓国が前の政権よりもエスカレートした要求をすると、日本が金であれ謝罪であれ要求をいくぶんかは聞いてはしのぐという繰り返しになりました。ますます、「新たな過去」が捏造されることにもなりました。

そのひとつの頂点が慰安婦問題だったわけですが、なまじ、不適切な事例がゼロとは言い切れないから謝ろうとかいう不合理な判断をしたわけです。しかし、安倍政権になって、性根を入れて交渉をして、「完全かつ不可逆的な解決」をして、今度こそ正常化するとかと思ったら、文在寅の新政権は前政権の約束も新政権が間違っていると思うなら「積弊」として精算対象と言い出しました。

さらに、非常識な裁判官を大法院の長官に任命して、国際条約すら無視するという徴工判決が出ました。これが、日韓関係の現時点です。

第六章

日韓基本条約を否定したらどうなる

日本の賠償をめぐる考え方の変遷

日韓請求権協定をめぐる不幸の始まりは、日本の統治下にあった朝鮮半島の独立が日本の了解なく決められたことでしょう。いきなり在韓日本人が不当に退去を命じられ、財産も没収されたことがあることを前提に論じられるべきです。

日本が受諾したポツダム宣言には、「日本国の主権は本州、北海道、九州および四国と我らの決定した島嶼《とうしょ》に限定されるべきだ」とありますから、朝鮮の領有を続けられないことは、もちろん仕方ないことでした。

しかし、日朝を具体的にどのように分離し、朝鮮半島にどのような国を築くのかについては、将来において結ばれる講和条約において決定するべきものと考えるのが国際法の常識でした。つまり、それまでは日本の統治機構が存続すべきであったのです。

さらに言うと、朝鮮半島が日本の領土でなくなったとしても、日本人が退去させられたり、財産を奪われたりするべき理由など何もありませんでした。

しかし、連合国は日本の賠償の一環として、そうした行為を容認したようです。ただし、その代わりに、連合国に対しては純然たる賠償はしないで済んだのですから、日本にとって経済的に損をしたとは言い切れません。そうはいっても、在留邦人にとっては災難そのものでした。

そして、こうした経緯が、独立した韓国との間で複雑な問題を未だに生じさせているということになります。

ここからは、終戦ののち、日韓会談が始まるまでの流れを正確に振り返りましょう。

まず、戦後間もない1945年11月に来日したアメリカのポーレー賠償調査団は、12月に中間報告書を発表し、日本の軍需工場など資本設備を撤去して、アジア諸国の戦後復興への移転、譲渡することを主張しました。

具体的には、日本の主要産業部門の半分を賠償指定し、鉄鋼生産能力を1930年と同一水準の年産250万トンに抑えるというものでした。

また、ポーレーは「かつて、朝鮮の資源と人民を搾取《さくしゅ》するために用いられた日本の工場・施設の、いかなる部分を日本本土から移転するか研究すべし」と主張しました。

しかし、この賠償案は連合国軍最高司令官マッカーサー陸軍元帥に反対され、冷戦が進む中で実現することはなかったのです。

続く1947年1月、来日したストライク調査団は、ポーレー案の中止と純軍事施設以外の一般工業部門の撤去を大幅に緩和した新しい賠償案を立案しました。

アメリカの対日政策は、ソ連との冷戦の影響もあって、日本経済の存立を維持する方向に変化したのです。そして、1948年1月以降、GHQ賠償局の指導で1億6500万円に相当する工作機械などが軍工廠《こうしょう》から撤去され、中国・フィリピン・オランダ・イギリスに搬出されました。

さらに、1948年5月の実業家のジョンストンを団長、陸軍次官ドレーパーらが加わった使節団の報告書では6億6200万円（1939年当時の価格）の賠償額を提示し、ストライク報告の内容をさらに緩和させています。翌49年には均衡財政、終戦処理費の削減、公定価格の修正、徴税の強化、為替レートの設定、民間貿易の拡大、軍用交換レートの改定、集中排除法の緩和など、日本経済の自立と安定のための財政金融引き締め政策「ドッジ・ライン」が示されることになります。

こうして、アジア諸国の工業生産力の平準化路線から、日本の復興を通じてアジアの経済を振興しようという現実路線に転換され、同時に主要連合国は賠償請求権を放棄していったのです。

終戦でも帰国するつもりがなかった在韓日本人

終戦時、朝鮮には70万人余の日本人が住んでいました。彼らにとっても、朝鮮人にとっても、8月15日の玉音放送は意外なもので、戸惑いをもって迎えられましたが、大きな混乱はありませんでした。

朝鮮総督府政務総監・遠藤柳作《りゅうさく》は、穏健派の独立運動家、呂運亨《ヨウニョン》を招いて、朝鮮建国準備委員会を設立させました。16日には副委員長となった安在鴻《アンジェホン》が京城放送局のラジオで韓国民に委員会の意志を放送し、独立準備のように見えました。

しかし、『京城日報』は「かかる問題は、当局は日本帝国の名に於て将来四国代表との間で折衝決定すべきものであり、個々の団体の関与すべき筋合のものではない」（8月20日）、「朝鮮の独立には極めて多大の前提条件を必要とするが、なかんづく日本の停戦に関する処理が未だ解決されず、右に関する権限を附与されたマッカーサーと日本帝国代表との間に話し合いが未だ開始されてない今日に於ては、独立政府の樹立は未だ議題たり得ないのである」（8月21日）、「朝鮮に於る帝国の統治権は厳として存し」、「朝鮮軍は厳として健在である」とし、「治安を乱すなら武力行使する」（8月20日）と報じています。また、8月24日の外務次官から朝鮮政務総監にあてられた指示では、「朝鮮ニ関スル主権ハ、独立問題ヲ規程スル講和条約批准ノ日迄法律上我方ニ存スルモ、カカル条約締結以前ニ於テモ、外国軍隊に依リ占領セラルル等ノ事由に因リ、我方ノ主権ハ事実上休止状態に陥ルコトアルベキコト」としています。

8月11日、北緯38度線以南は米軍が、以北と満洲はソ連軍が担当することになりました。8月26日、ソ連軍が平壌に進駐し、米軍は9月8日に仁川上陸。9月9日朝鮮総督府で日米間の降伏調印式が行われます。降伏交渉はハリス代将と遠藤政務総監の間で行われ、朝鮮総督府で行われた降伏調印式には米国からは在朝鮮米国軍司令官ハッヂ中将、キンケード海軍大将、日本からは阿部信行総督、上月良夫朝鮮軍司令官らが署名し、日の丸が降ろされ、星条旗が上がりました。

改めて言うまでもなく、**アメリカが交渉相手として選んだのは朝鮮総督府であり、朝鮮建国準備委員会ではありません。**

ポツダム宣言受諾後の8月15日から9月9日まで、韓国における統治は総督府の手にあり、その間、総督府にも役所にも日の丸がひるがえっていたのです。群民蜂起や、もちろん革命などもなく、「日帝」を追い出したという歴史もありません。日本降伏後に総督府に掲げられた国旗はアメリカの星条旗であって、韓国旗は許されなかったということも重要なポイントです。

この頃、在留日本人は、内地に帰りたいという人もいましたが、主流は残留でした。京城日本人世話会では朝鮮語講習会を開催し、同事務局次長が「呆然自失、不安と悔悟に暮れるよりも、我らは朝鮮語を習って、新朝鮮に新たなる協力をなすべきである」と会報で述べているように、講習会は盛況だったといいます。中には、独立を見越して、帰化したいという者もいたようです。

こうした日本人世話会は、引揚者の荷物預託事務、不動産売買事務、日本人財産管理などの体制を整備するとともに、朝鮮の独立後には、日本人居留地を建設しようと考えていたことがわかっています。

予想外だった韓国からの退去命令と財産没収

ところが9月14日、ハリー・S・トルーマン米大統領が「朝鮮滞在の日本人は放逐《ほうちく》する」

との方針をラジオで明らかにし、10月13日から単独帰還軍人の引揚げが開始され、続いて軍人復員者、一般民の引揚げが米軍の指揮の下で行われることになりました。最終的には、12月に出された法令により、全面的な日本人撤退が強制されることに決まったのです。

米軍進駐後の9月25日の法令「敵産ニ関スル件」では、8月9日以後財産処分禁止と現状維持義務が命じられ、10月の連合国総司令官令などでは、引き揚げる際の持ち出し財産と荷物の制限が決められました。

民間人は一人あたり千円に限り港で交換でき、金と銀、有価証券、金融上の書類、銃、カメラ、宝石、美術品、収集切手などの持ち出しが禁止され、携行荷物も自分で持ち運べるだけに限定されました。

それでも、米軍施政下の地域では、それほど大きな混乱はなく、内地人と朝鮮人の間で別れを惜しむ光景も見られたといいますが、北ではソ連軍が日本人にも朝鮮人にもひどいことをしたことはよく知られているとおりです。

当初は5年の信託統治ののちに政府が組織されるはずでしたが、米ソ共同委員会は1947年9月に決裂、米軍占領地域では国連臨時朝鮮委員会の監視下で1948年5月10日に単独の総選挙を実施することになります。そして、7月に国会で憲法が制定され、8月

15日に韓国政府が樹立されました。

一方、ソ連軍占領下の38度線以北では、最高人民会議の選挙を経て、9月9日に北朝鮮政府が樹立されます。

朝鮮半島でのこうした連合軍の独走になす術がなかった日本政府ですが、1907年にハーグで調印された「陸戦の法規慣例に関する条約」の第46条に「私有財確はこれを没収することはできない」とあるのを根拠に抗議し、返還を要求します。

しかし、韓国政府成立後の1948年9月に、「米韓財政及び財産に関する協定」の第5条で「大韓民国政府は、在朝鮮米軍政庁法令第33条により帰属した前日本人の公有または私有財産に対し、在朝鮮米軍政庁がすでに行なった処分を承認かつ批准する。本協定第1条および第9条により、米国政府が取得または使用する財産に関する保留のものを除き、現在までに払い下げられない帰属財産（中略）を次のとおり大韓民国政府に委譲する」とされてしまい、その文言どおり韓国政府に委譲されてしまいました。

日本政府部内では、講和条約交渉に臨む準備ということもあり、理論武装を進めます。外務省に設置された「平和条約問題研究幹事会」は1949年12月に「割譲地に関する経済財政的事項の処理に関する陳述」をまとめました。その論点は、

①後進地域だった朝鮮の近代化は日本の貢献のお陰であることは広く国際的にも認められてきたし、そもそも、「持ち出し」であった
②日本人の私有財産の没収は国際慣例上、異例である
③日韓併合は国際法と慣例において普通の方法で取得されたもので、世界各国に認められていた

といったものでした。また、大蔵省の在外財産調査会は、京城帝国大学の教授だった鈴木武雄（戦後、商法の最高権威として君臨します）らに委嘱して、経済発展、教育の普及、財政資金の投入などを引き合いに出して、「カイロ宣言」が使った「奴隷状態」という言葉に厳しく反論しました。また、終戦の時点での日本財産は47億ドルだったとして、将来の交渉に備えたのです。

サンフランシスコ講和会議における日本人資産

1951年には「サンフランシスコ講和会議」が開かれました。この時に、韓国の李承晩政権は、亡命政府「大韓民国臨時政府」の存在を理由に戦勝国として会議に参加しよう

としました。

米国は、戦勝国としてかどうかはともかく、韓国の参加には肯定的でしたが、英国と日本が猛反対します。その理由は、「戦前から韓国は日本の一部であり、日本と戦ったわけでない」ということで、その言い分が通りました。

その上で、領土については、以下のように書かれ、韓国が望んだ竹島についての記述は認められませんでした。

第二条（a）日本国は、朝鮮の独立を承認して、済州島、巨文島及び鬱陵島《ウルルンとう》を含む朝鮮に対するすべての権利、権原及び請求権を放棄する。

次いで、在外資産について以下のように書かれています。

第四条（a）この条の（b）の規定を留保して、日本国及びその国民の財産で第二条に掲げる地域にあるもの並びに日本国及びその国民の請求権（債権を含む。）で現にこれらの地域の施政を行っている当局及びそこの住民（法人を含む。）に対するものの処理並びに

日本国におけるこれらの当局及び住民の財産並びに日本国及びその国民に対するこれらの当局及び住民の請求権（債権を含む。）の処理は、日本国とこれらの当局との間の特別取極の主題とする。第二条に掲げる地域にある連合国又はその国民の財産は、まだ返還されていない限り、施政を行つている当局が現状で返還しなければならない。（国民という語は、この条約で用いるときはいつでも、法人を含む。）
（b）日本国は、第二条及び第三条に掲げる地域のいずれかにある合衆国軍政府により、又はその指令に従つて行われた日本国及びその国民の財産の処理の効力を承認する。

当初は（b）はなかったので、日本の韓国内の資産については「日本国とこれらの当局との間の特別取極の主題とする」――つまり、日本と韓国との話し合いで決めろということになりました。

そこで、韓国から要望があって（b）が挿入され、これによって米軍による日本資産の接収が有効になったわけです。

国会で社会党の曽根益《そねえき》氏がこの件について質問したところ、外務省の西村熊雄《くまお》局長は、「第四条につきましては日韓で話し合いをする場合に、日本にとっては、なんと申しましょうか、話し合いの範囲とか、話し合いの効果というものが大いに制約されることになる条項でございまして、面白くないと存じております」と答弁。つまり、全面的に日本資産を放棄させられたとは言えないものの、主張に制約が出るだろうということです。

ただし、サンフランシスコ講和条約では、賠償については日本にそこそこ寛大なもので、以下のように記されています。

第十四条（a）日本国は、戦争中に生じさせた損害及び苦痛に対して、連合国に賠償を支払うべきことが承認される。しかし、また、存立可能な経済を維持すべきものとすれば、日本国の資源は、日本国がすべての前記の損害又は苦痛に対して完全な賠償を行い且つ同時に他の債務を履行するためには現在充分でないことが承認される。

第一次世界大戦のベルサイユ講和条約でのドイツのように、支払い能力を無視した賠償は否定されたわけで、第四条（b）は不満だったものの、全体としてはまずまずだったと言えるでしょう。

拉致漁民を人質にして日韓交渉を進めた韓国

終戦から日韓国交回復までの経緯を歴史的な事実を鑑みながら振り返れば、日本側には交渉を急ぎたい動機など何もありませんでした。交渉の背景で絶対に忘れてはならないのは、**李承晩ライン侵犯を理由に韓国側が抑留した漁民を人質に取って非常識な要求をし、日本はそれに屈して不利な条件を呑んだという経緯です。**

李承晩ラインは、当時の国際法の常識に反したものであることは明白です。当時はEEZ（排他的経済水域）というようなものはなかったですし、領海外は公海として漁業は自由でした。

李承晩ラインについては、我が国の領土である竹島を囲い込む形で李承晩ラインが設けられたことに目が行くことが多いのですが、竹島は李承晩ライン問題の中では小さい部分に過ぎないのであって、**公海に勝手に線を引いてそこで操業する日本漁船を閉め出して経済的な損害を与え、（韓国から見た）違反船を拿捕し漁民を抑留したことこそが問題の本質なのです。**ところが、日本は憲法第九条の制約もあって韓国の暴挙を実力で阻止できなかったし、日韓両国の衝突を嫌ったアメリカから自制を求められていました。

しかも、韓国は漁民を刑期が終わっても釈放しないという暴挙までしたのです。北朝鮮による拉致に匹敵するといっても過言でないでしょう。

そして、伝統的に西日本の漁民は、主たる生業《なりわい》の場である漁場での操業を、拿捕を恐れて抑制されてきたのですから、農民が農地を奪われたのに匹敵する死活問題でした。また、当時の日本経済にとっての漁業の比重は現在の比ではありません。

李承晩ラインと漁民の拿捕――ふたつの事情が、日本に大甘の条件を呑ますことになったことが今ではすっかり忘れられているのです。

当時は、あまりの大盤振る舞いに自民党内はもちろん、野党や世論の風当たりは強く、また、海外への援助については、いつものことですが、自民党の政治家が利権目当てでやっているのだと彼らは騒ぎ立てました。

にもかかわらず、日本が非常に有利な条件で日韓基本条約や請求権協定が結ばれたというような虚偽の基礎に立って議論がされがちなことは誠に残念です。

例えば、『日本大百科全書』（高崎宗司執筆／小学館）には、「日本による朝鮮植民地支配に対する謝罪や補償、国交正常化を目的とした……中略……（「日韓請求権及び経済協力協定」は）韓国側が植民地支配下での被害に対する補償の請求権を放棄する代わりに日本側が経済援助をするというもので、韓国国民の反対の声は強かった」とあります。

また石本泰雄執筆『日本大百科全書』には、「日韓両国ともに国内では反対運動が強く、韓国では与党だけで、日本では自民、民社両党の賛成だけで批准案の承認が行われた。条約の内容の不備と解釈の不統一、南北分断の固定化、対韓経済侵略、軍事同盟志向の強化などが批判された。院外では、1965年11月9日の統一行動には約24万人が参加し、反対運動が高揚した。韓国における反対運動はさらに激しく、8月23日には学生デモ鎮圧のために軍隊が出動し、26日には衛戍令《えいじゅれい》を発動したほどであった」とあります。

ここでは、あたかも日本の主張に韓国が不当に屈したような書き方ですが、事実ではないことは言うまでもないでしょう。また、最終局面では、日韓両国とも国会では革新側が反対したのですが、それは保守政権だったからであって、締結までは、自民党内では大盤振る舞いが過ぎるという批判が強く、韓国でも北朝鮮の扱いについて韓国の立場が通らなかったことに不満は強かったのです。また、日本でも革新側も今と違って大盤振る舞いには反対していたのですから、実情をまったく反映していないと言えるでしょう。

そもそも、日本では、韓国・朝鮮問題の「専門家」には、在日の人が多いし、そうでなくとも、極端な「親朝・親韓派」であり、百科事典も含めた各種の資料を執筆していると いう特殊事情があります。

このために、1951年の交渉開始時点における日本の主張からどれだけ日本が譲歩したのかを踏まえないふざけた情報しか国民に提供されていないのです。

日韓会談のスタート時点における日本の立場を再確認

「日韓基本条約」、正式には「日本国と大韓民国との間の基本関係に関する条約」は、1965年6月22日に署名され、12月18日に批准書が交換されたことで発効しました。

朝鮮戦争中に結ばれた1951年のサンフランシスコ講和条約で、我が国も領土の放棄などを承認したのですが、大韓民国はもとより戦勝国ではなかったので、日本と朝鮮の関係は両国の合意にゆだねられることになりました。

条約で言う「朝鮮」には、1948年に韓国と北朝鮮が成立していたが、朝鮮戦争の経緯もあり、国交正常化交渉はもっぱら韓国と行われ、「日韓交渉」として行われたのです。

交渉は、1951年9月から始まりますが、翌年の2月に第一次会談が開かれ、65年の妥結に至るまで、断続的に7回の会談が開かれました。

その間には、日本側代表団が「植民地支配を何から何まで否定するのは間違いだ」と主張した「久保田発言」に韓国側が激しく反発して5年間も中断した事件があったり（のちに日本政府は韓国側の要望に応えて発言を取り消したが内容を誤りと認めたわけではない）、1960年に交渉に後ろ向きな態度を繰り返していた李承晩政権が倒れ、さらに、1961年に朴正熙を中心とした軍事政権が成立。実質重視で原則論は棚上げにすることで解決する方向に変化するという事件がありました。

また、日本側では吉田茂政権が比較的消極的だったのに対し、鳩山一郎・石橋湛山政権はより前向きでしたし、岸信介を中心とする「親韓派」が自民党内に生まれ、北朝鮮への対抗上も「韓国経済の建設を助けたほうが日本にとっても得である」という考え方もあって、霞が関などの理屈に合わないという反対を抑えて経済協力で大盤振る舞いを容認するようになるという変化もありました。

そして、この交渉を後押しし、両国内における反対を抑え込ませたのが、アメリカ政府の強い意思であったことも見逃せません。

その交渉の中で主要な議論になったのは、①**日韓併合を定めた条約の扱い**（日本が合法だったが今や無効とし、韓国側はそもそも無効とした）、②**日韓双方の請求権**（日本側は日本の請求権〈債権〉のほうが多額であるとし、韓国側は日本の請求権は認められず、韓国は天文学的な請求権を行使できるとした）、③**李承晩ラインの扱いなど漁業の扱い**（韓国が国際法に違反して李承晩ラインを設け広汎な海域の海域についての漁業管轄権について、日本は撤回を要求し、韓国側は拒否した）、④**日本の官民が所有する半島由来の文化財の返還**（韓国側はすべて返還すべきといい、日本側は国有財産のうち一部を贈与するのが限度とした）、⑤**在日朝鮮人の扱い**（韓国は希望者には永住権を与えて日本人同様に扱い、帰国を援助するように主張し、日本側は帰国するのが原則とした）、⑥**条約が北朝鮮地域への適用**（韓国側は適用されるとし、日本側は拒否した）、といったことです。

日韓会談の始まりに先だって、池田勇人《はやと》大蔵大臣は国会で、①韓国はサンフランシスコ講和条約の調印国でないので賠償はしない、②日本資産の処分は第四条によって認めたが、日本人の財産については、今後、韓国と話し合う——との方針を明らかにします。つまり、とりあえず米国による接収と韓国政府への移管は有効であるものの、補償なしでというとに同意はしていないと言うことです。

以下、交渉の経緯をまとめてみました。

第1次会談は、1952年2月15日から行われました。日本側は韓国に対する請求権を放棄しないことを宣言しましたが、これに韓国側は激しく反発して会談は中断。

第2次会談は、1953年4月15日から7月23日に行われましたが、それに先立ち、李承晩大統領が1953年1月5日から非公式に訪日。米国の斡旋で会談を行っていますが、吉田茂は卑屈な態度を取らなかったですし、李承晩も相変わらずだったので、表面を取り繕う説明こそありましたが、あまり成果はありませんでした。

戦前で奉天総領事を務めるなど練達《れんたつ》の外交官であった吉田茂は、韓国との関係を早期に安定化させることを慌てるだとか、ソフトムードで媚びようといったタイプではなかったので、原則論に従って立場を堂々と述べています。

第2回の交渉にあって、韓国側は日本が対韓請求権の要求をしないことを求めますが、日本はこれを受け入れませんでした。この背景としては、もし、これをしないということになると、引き揚げ者から日本政府が補償を要求されるということを大蔵省が心配したということもあったでしょう。

結局、韓国は「日本がすべての在韓投資に対する主張を撤回するだろうだろうという仮定のもとに会談再開を決定したものである」という立場を一方的に明らかにした上で、交渉に入ったのです。

そして、財産権請求委員会で、「（日本に請求権があるかないかという）理論は抜きにして双方がその請求権を具体的に提示してそれについて現実的な解決を図る方法を見出すこと」としましたが、見るべき具体的成果はありませんでした。

久保田発言は取り消されたが内容は否定されていない

続く第３次会談は、１９５３年10月６日から10月21日に行われました。ここで、日本側首席代表の外務省参与久保田貫一郎の有名な発言がありました。

以下は、『日韓会談「久保田発言」に関する参議院水産委員会質疑　１９５３年10月27日における久保田氏の説明』です（原文ママ）。

「向うのほうからは請求権の問題につきましては、日本側の要求というものは認められないので、日本側の請求権というものはないのである。請求権の問題として考えられるのは韓国側から日本に対する請求権の問題だけである。その範囲できめればいいのだ、そういうふうに出ておりましたものですから、勢い我が方としても主義の問題に入らざるを得なかつたわけでありまして、私どもとしましては日本側の従来の請求権の、つまり私有財産の尊重という原則に基いた対韓請求権は放棄しておらないのだという議論に入らざるを得なかつたわけでございます。そうしますと向うのほうでは早速日本の請求権の要求は多分に政治的であると、まあこういうわけなんです。その意味はよくわからないのですが、実は日本の請求権の問題は政治的ではございませんでして、非常に細かい法律論ではあるわけでございますけれども、向うはそう申しまして、政治的であると、ところが韓国の請求権の要求というものはもう裁判所にも出してもいいような細かい最小限的な要求で全部法律的であるのだ、若し日本のほうでそういうふうな政治的な要求を出すということが前から韓国のほうでわかつておつたと仮定すれば、韓国側のほうでは朝鮮総督の三十六年間の統治に対する賠償を要求したであろう、そう出て来たわけでございます。そこで私どもとしましては韓国側がそういうふうな朝鮮総督政治に対する賠償というふうな、それほど政治的な要求をいたさなかつたことは賢明であつたと思う、若し韓国側のほうでそういう要求を出しておつたなれば、日本側のほうでは総督政治のよかつた面、例えば禿山が緑の山に変つた。鉄道が敷かれた。港湾が築かれた、又米田……米を作る米田が非常に殖えたというふうなことを反対し要求しまして、韓国側の要求と相殺《そうさい》したであろうと答えたわけでございます」。

この発言は、「植民地支配は韓国に害だけを与えたと考えている」韓国側からは、妄言として激しく批判され、日韓会談は中断しました。

当時、日本側では、久保田発言の内容について批判する論調は与党はもちろん、野党も含めて皆無であり、ただ、ごく例外的に外交交渉をするにあたって無用なものいいだったという批判があっただけです。

実際、国会では久保田氏の前述の説明に対して異論はまったくなく、岡崎勝男外相が「当たり前のことを当たり前に言っただけ」としたし、鈴木茂三郎氏や勝間田清一氏らの社会党幹部も「李政権に嘗《な》められている」「頑固なことを言うものは孤立させる。何も韓国ばかりが相手でない」といった発言をしています。

また、外務省の局長は「日本は日本国民が韓国で持っていた120～140億円の私有財産に対して請求権を持ち、韓国側は90～100億円の請求権を持つ。そこで、昨年の会談では双方を相殺しようと非公式に言っていたのに態度を変えた」といった趣旨の発言もしています。

さらに、緒方竹虎《たけとら》副総理、岡崎勝男外相、木村篤太郎《とくたろう》保安庁長官は、「駐日韓国代表部の即時閉鎖」「職員の強制退去」「在日韓国人への生活保護の停止」「(李承晩ラインへの)武装警備隊の出動」を申し合わせましたが、実行には至りませんでした。

野党でも日本社会党の江田三郎氏が「帝国主義者だと逆手に取られやすい発言はしないほうが良い」という趣旨の発言をしたり、毎日新聞が「韓国側の不満の原因は独立を奪われたことにあるのだからあまり軽々しく言わないほうがいい」といった趣旨のことを書いたりしましたが、いずれも、久保田発言の内容に異論を唱えたものではありませんでした。

李承晩ラインによる漁民拉致という「人質」

ところが、韓国側は「李承晩ライン」での漁船の拿捕を強化。日本は立て続けに人質を取られたことで、妥協的な立場に傾いていくと、アメリカが調停に乗り出してきました。

そこで岡崎外相は、1953年末に「韓国は抑留漁船員534名と捕獲船44隻を返還する」「請求権は相殺する」「久保田発言については双方の納得のいく措置を取る」という条件をアメリカに提示しました。

そして、1953年12月1日には、岡崎外相が「久保田氏の発言は個人の発言なので取り消すとかいうものでないが、それで会談が開かれないことになっているのは建設的でない」といった考え方を示して、まったく正当な発言だった久保田発言を日本政府の考え方ではないというような方向に逃げてしまいます。

1954年はじめには、「撤回」ということで会談再開という話がまとまりかかったのですが、韓国側が公式の陳謝、さらには李承晩ラインを認め、日本資産に対する請求権を放棄することまで要求してきたので、再び膠着状態に陥りました。

さらに、日本が朝鮮人密入国者を強制送還しようとしたところ、韓国はこれを拒否。さらに長崎県の大村市にある大村収容所（朝鮮人密航者や、在日朝鮮人で罪を犯した者を送還するために収容する入国者収容所）の待遇に抗議し、李承晩ライン侵犯に対する刑期満了者まで日本に帰国させず収容所に入れるという卑劣な人質外交を展開しました。そして、7月17日には韓国が対日経済断行措置も取ったのです。

そこで、人質を取られるといつの時代も弱い日本側は、少しわかりにくい対応を始めます。吉田政権末期の10月ですが、①久保田発言の撤回、②日本の財産請求権の撤回、③大村収容所の密入国者の釈放、④竹島問題は国際司法裁判所にかける、⑤李承晩ライン内での日本漁船の操業を認める、そして、少しややこしいのですが日本製品の購入です。

このあたりになると、韓国に請求権を行使してもどうせ取れないと弱気になってきたわけです。ただし、これは「あくまでもワンセットとしてなら呑む」というだけで、この段階で対韓請求権をあきらめたというように誤解してはなりません。

そして、1954年12月には鳩山内閣が成立し、親韓派として知られた岸信介が与党である民主党の幹事長になります。鳩山首相は韓国との正常化に意欲を見せ、「漁業権の問題が解決したら資産請求権などはかなり譲歩してよい」という意向を非公式会談で伝えました。しかし、鳩山首相は3月に国会で「対韓財産請求権を放棄することはない」と答弁したので、韓国側は非公式会談を8月に打ち切りました。

鳩山内閣は、日本側が密入国者を、韓国側が釜山に不法に抑留している漁民をそれぞれ釈放することに傾きましたが、法務省は「筋違い」と反対するなど、国内の意思統一ができたわけではありません。

しかしこの頃から、韓国の請求権要求が過大でなければ、「韓国に対する請求権を放棄していい」という趣旨のことをほのめかし始めていたのも事実です。

一方、1956年5月には韓国で大統領選挙があり、大統領には李承晩がまた選ばれますが、副大統領には野党・民主党所属で、張勉《チャンミョン》が当選（ねじれ現象）。日韓交渉に前向きな姿勢を見せます。

すると、12月になって次期首相となることが決まった石橋湛山は、対韓請求権の完全放棄の意向を表明しました。そして、翌年1月になって岸信介外相が、久保田発言の取り消し、対韓請求権の撤回を韓国側に申し入れたのです。

この背景には、石橋内閣においては抑留漁民の釈放を勝ち取ることが最優先とされ、その切り札として対韓請求権の放棄が位置づけられたこと、そして、もうひとつは、日本政府が朝鮮などで私有財産を没収された人々に少額ではあるが、補償をする展望が開けたからです。

その背景には、対韓請求権を放棄すると日本政府が関係者に補償する義務が生じるのを怖れていたが、経済復興で若干の補償をできる力が出てきたことがあります。そして、2月に密入国者の日本国内での釈放と漁民の相互同時釈放が合意されました。

岸信介首相が韓国へ好意的な対応をした理由

1957年に岸内閣が発足しますが、岸首相は日韓会談の成功に意欲的で、就任の当日に労働運動家でフィクサーの矢次一夫《やつぎかずお》と一緒に韓国の次期事務次官に決まっていた金東祚《キムドンジョ》（九州帝国大学出身で戦前の高等文官試験に合格し終戦までは厚生省で働いていた）と会い、「日本の過去の植民地支配を深く後悔し、早急な国交正常化を目指したいということを願っている」と、李承晩大統領に伝えるように要請しました。

「矢次氏の紹介の言葉に、終始、微実を浮かべていた岸首相」は、次のように言ったと金東祚の回顧録にはあります。

「帰国したら両国関係に対する私の意見を李承晩大統領に必ず申し上げて、冷却した韓日関係が打開できるよう額む」、「私は西日本の山口県の出です。ご承知のとおり、山口県は昔から朝鮮半島と往来が多かったところですね。とくに山口県の萩港は徳川幕府時代の貿易船だった朱印船が朝鮮と頻繁に往来した寄港地でした。それだけに、当地人の血には韓国人のそれが少なからず混じっているのが事実で、私の血統にも韓国人の血が流れていると思うほどです。いわば両国は兄弟国といえるわけです。

ですから、今日、両国が国交も結ばず、相互にいがみ合っているのはまことにやりきれないことです。私は、日本の過去における植民統治の過誤を深く反省し、至急に関係を正常化するよう努力する覚悟です。なにとぞ私の意中を李大統領にお伝えください」


この回顧録からも岸信介が日本政界にあって突出した親韓派であったことがわかります。ちなみに、政治家を片端から在日朝鮮人だと言い募るフェイクの中に、岸・佐藤・安倍一族が含まれることがありますが、それは上記の発言をもとに曲解したものです。

古代は別にしても、戦国時代の守護大名である大内氏は、公式の系図において百済王室の男系子孫であることを主張し、朝鮮王国との交易を通じて行き来があった朝鮮国王に対して「百済の故地を領地としてほしい」と要求したくらいです。

したがって、吉田松陰から明治の元勲《げんくん》（有力政治家）に至るまでの人々が持っていた半島への関心には、上記のような歴史観が背景にありましたし、山口県人であった岸信介にとっても、同胞意識はそれほど突拍子もないものではないのです。

このあと、矢次氏は首相特使として韓国に招かれ、李承晩大統領と会談。「日韓併合は韓国にとって迷惑であったろう」という口上を伝え、さらに矢次は「長州出身の伊藤博文の後輩として、(岸は)後始末をつけたがっているのではないか」といったことも言い、李承晩は岸首相となら交渉妥結も可能だと言って非常に喜んだそうです。

ただし、この口上について、国会で社会党の今澄夫から追及された岸は「私の意見でなく矢次の意見」と答弁し、今議員は「日本と韓国との間をすべてのものを譲歩して取り持たなければならないということは日本の国民は望んでいない」と釘を刺しました。何やら、令和の時代の論戦と与党と野党の立場が逆転しているようです。

またこの頃、日韓会談の沢田廉三《れんぞう》首席代表が、「北朝鮮が半島を統一すれば日本はお先真っ暗になる。韓国のほうが統一できるように武力では助けられないので日韓会談でできるだけ譲って韓国を援助する」と非公式に語っていると共産党が暴露し批判しています。

いずれにせよ、請求権問題については、岸政権が韓国に妥協しようとし、社会党などの野党や霞が関が反対するという構図があったのは明らかですし、また、岸政権も本来は「韓国にそれほど大きな金額を与える必要はない」というのは、霞が関や野党と一緒であり、単に戦略的にそれなりの援助をしてもいいのではないかと考えていただけでしょう。

これには、岸が来たる安保改定を睨《にら》み、東南アジア諸国との賠償交渉をまとめ、蔣介石との関係を修復するということと、李承晩ラインで困っている漁民の多くが地元である山口県民だということでもあったでしょう。

そして3月22日、引き揚げ者にひとり最高2万8000円を支給する引き揚げ者給付金支給法案を国会に提出。また、4月には国会で、久保田発言の撤回や、対韓請求権に拘泥《こうでい》しないことに応じることも容認することを明らかにしました。

そして、新しく駐日大使となった金裕沢は、日韓交渉の進展に不熱心な李承晩大統領の指示を無視する形で岸首相との話し合いを進め、6月11日に抑留者の相互釈放、久保田発言の撤回、そして、「日本は対韓請求権については放棄するが韓国がそれを踏まえて対日請求要求を法外なものにしないこと」に合意しました。

ところが、韓国があとになって後段を拒否したので、藤山愛一郎外相は「これ以上の譲歩はしない」「対韓請求権を無条件に放棄しない」としました。つまり、藤山は日韓交渉に熱心ではなかったのです。

この日本の強硬姿勢に韓国側もついに折れて、「日韓請求権の解決に関する日本国との平和条約第四条の解釈についてのアメリカ合衆国の見解の表明」を基礎として、在韓資産に関する請求権を扱うことで納得したのです。

また、久保田発言は撤回こそしましたが、それは決して誤りだったという認識に基づくものでなかったことは当時から明白にされていました。ただし、韓国は勝手に「内容的に間違いだったことを日本側も認めた」のだと主張していましたが、そうでもしないと韓国世論を抑えられなかったからです。

すでに書いたように、日本の対韓請求権に関しては、1945年12月の米軍政法令第33条帰属財産管理法によって、米軍政府管轄地域におけるすべての日本の国有・私有財産を米軍政府に帰属させることが決定されました。また、日本国との平和条約第二条（a）には「日本国は、朝鮮の独立を承認して、済洲島、巨文島及び鬱陵島を含む朝鮮に対するすべての権利、権原及び請求権を放棄する」とあります。

そして1957年になってですが、サンフランシスコ講和条約第四条（b）の解釈について、米国政府が正式に「解釈」を出しています。

それは、「日本国は、これらの資産またはこれらの資産に関する利益に対する有効な請求権を主張することはできない。もっとも、日本国が平和条約第四条（b）において効力を承認したこれらの資産の処理は、合衆国の見解によれば、平和条約第四条（a）に定められている取極を考慮するに当たって関連があるものである」というものでした。

つまり、直接に返還を要求したり、その代金をよこせということはできないが、最終的な請求権交渉にあたって、それが韓国政府に与えられたことを考慮することは可能だということでした。

つまり、日韓会談のスタートは、出発点においては、日本側は「互いの請求権を認め合い、差引勘定で日本が韓国から莫大な金額をもらうべきだ」と主張し、韓国側は「韓国からはいっさい払う必要がなく、日本が一方的に払うべきだ」としたのを、日本は「払ってもらうべき当然の権利だが放棄し、韓国からの要求も無茶なものにしない」という実際的な手打ちを、あとづけ的にアメリカが条約解釈だといって両国の世論の沈静化に努めたとみるべきだし、そもそも、日本人を引き揚げさせたり、財産を奪ったりした国際法上、疑義が多い扱いの法律的議論をあまり深められたくなかったということもあったでしょう（アメリカが国際法に違反したとするあからさまな立場を取ることは、戦争中についても占領期についても難しかった。原爆投下や憲法改正がその典型）。そして、この合意が請求権協定で具体化されます。

しかし、韓国側が日本の領土を侵犯して勝手に設けた李承晩ラインを根拠に漁船を不法に拿捕し漁民を刑に服させ、刑期が終わっても帰国させないという北朝鮮による拉致に匹敵する蛮行で脅され、不法入国者を引き取りもせずに日本国内に留まることを呑まされ、さらには、日本側が本来は正当に要求できる対韓請求権を放棄させられたことの理不尽さは記憶に留める必要があるでしょう。

そして、**韓国が徴用工問題で日韓基本条約を卓袱台返しにするというなら、今こそ、あの時に渋々と呑んだ屈辱的な解決を、こちらこそ原点に返って要求できるいいチャンスなのかもしれません。**

少なくとも、いつも半島との関係で、拉致だ拿捕だといった無茶苦茶な蛮行に屈したことをもって「平和」だと前向き評価するべきでないですし、いくら無理を聞いてやっても図に乗られるだけで、また、新たなゆすりのたねを探す動機になってはいないかよく考えてみるべきでしょう。

(参考)**日韓条約と国内法の解説** 附・日韓条約関係資料
(編集)外務省外務事務官・谷田正躬、法務省入国管理局参事官・辰巳信夫、農林省農林事務官武智敏夫(『時の法令別冊』大蔵省印刷局発行)

いわゆる米国解釈をめぐる問題

日韓請求権問題の発端が、平和条約第四条にあることは前述したとおりですが、この規定の解釈をめぐって、日韓会談の過程において双方の当事者の間に争いがあり、これに関連して米国政府の公式見解、いわゆる米国解釈が発表されたこともあって、交渉は極めて複雑なものとなりましたが、この事情について若干の説明を行っておく必要があります。少し長くなりますが、日韓外交の本質を理解するためにお付き合いください。

請求権交渉の最重要点は、我が国が平和条約において承認した在韓米軍政府により、またはその指令に従って行われた日本財産の処分の効力を認める意味いかんにかかっていました。在韓米軍政府は、1945年12月6日付の軍令第三三号第二条で、三八度線以南のすべての日本財産を同年9月25日付をもって取得する旨を定め、次いで同軍政府は、このようにして取得した財産を、1948年9月11日の「財政および財産に関す米韓間の最初の取極」第五条によって韓国政府に引き渡しました。

韓国側の請求権問題に関する主張の根拠は、この軍令第三三号の効果を没収と同様に解しようとすることにありました。これに対し、日本側の立場は、日本は、平和条約第四条（b）により米軍政府の処分の効力を認めたのであるが、これは占領軍が国際法上適法に行った財産の処分はこれを有効と認め、そしてその効力について争うことはしないという意味であり、国際法上認められていない私有財産の処分まで合法化して認めたのではないというものでした。すなわち、ハーグの陸戦法規第四六条は「私有財産はこれを没収することをえず」と規定しており、したがって、米軍政府は敵国私有財産を直接かつ包括的に没収しうるものではなく、単に管理者の立場で、私有財産を処分はしうるが、その対価および果実については、正当な所有者である原権利者が請求権を有することは当然であると解釈していたわけです。

このような日韓間の法律的な見解の対立に関し、1957年に米国政府は、「合衆国は、日本国との平和条約第四条ならびに在韓米軍政府の関連指令および措置により、大韓民国の管轄内の財産についての日本国および日本国民のすべての権利、権原および利益が取り去られていたという見解である。したがって、合衆国の見解によれば、日本国は、これらの資産またはこれらの資産に関する利益に対する有効な請求権を主張することはできない。もっとも、日本国が平和条約第四条（b）において効力を承認したこれらの資産の処理は、合衆国の見解によれば、平和条約第四条（a）に定められている取極を考慮するに当たって関連があるものである」との解釈を示し、日韓両国は、同年12月31日の合意議事録で、この米国解釈に同意することを明らかにしました。

このようにして、平和条約第四条（b）によって在韓日本財産に対する一切の権利が消滅した事実は、韓国の対日請求権問題を処理する際に「関連あるもの」として考慮されることとなったわけです。

そこで、今度の協定による請求権問題の処理にあたって、この関連性について十分な考慮が払われたものと言えるであろうかという問題が出てきます。これについては、この関連性の問題は結局、米国解釈が言っているように、「韓国内の日本資産を韓国政府が引き取ったことにより、日本国に対する韓国の請求権がいかなる程度まで消滅され、または満たされたと認めるかについての決定」が特別取極に含まれるであろうということですが、前記のような交渉経緯によりここに予見されているような特別取極自体がつくられず、これを棚上げするような解決方式が取られた次第であったから、いわゆる関連性の問題も結局は取り上げられる場がなかったわけです。しかし、政府としては、経済協力を供与し、これと並行して請求権問題を最終的に解決する方式を決意するに際しては、この米国解釈の点も十分念頭に置いていたわけで、その意味では、米国解釈における関連性の問題に対する考慮は、今度の協定の形における合意で払われたということができるでしょう。

現在、なぜ日韓基本条約が問題となっているのか。正しい理解を深めるために、ここからは第4次会談以降のやり取りもしっかり確認していきましょう。

●第4次会談：1958年4月15日〜1960年4月15日

韓国は日本の漁船員300名を帰国させ、日本は東京国立博物館の106点の文化財を韓国に返還しましたが、韓国側は価値が低いものとして評価しませんでした。

請求権については、この頃から韓国の希望は3億ドルあたりという輪郭が見えてきていたが、日本側の考えはせいぜい4000万ドルでした。

しかし、結果としてこの会談が失敗した原因は、北朝鮮帰還問題でした。そもそも李承晩は在日朝鮮人の帰国には消極的でした。言ってしまえば、「かなりの財産を持ち帰ってくれるのでなければ迷惑だ」というスタンスだったのです。

また、日本に留まりたい人は日本人になったら、というスタンスでもありました。この主張の背景には、日本で兵役にも就かず国籍だけ持っていい生活をしている人々への本国居住者の強い反発もありました。この徴兵免除問題は、在日韓国人の韓国社会における立場を今も悪くしています。

そこにつけ込んだのが北朝鮮です。もともと日本の在日朝鮮人は数%の例外を除いて南部の出身者で、慶尚道《キョンサンどう》や済州島の人が多いことは広く知られています。にもかかわらず、北朝鮮は彼らに「帰国」を呼びかけたのです。

この頃は、北のほうが圧倒的に豊かでしたし、労働力を欲しがっていたことも背景にありました。そして、日本にとっては、北朝鮮に帰りたいなどという左翼系の人々は正直、厄介払いしたい人たちで、李承晩が引き取らないなら北へ行ってくれるのは大歓迎でした。

韓国に対しては、「帰国先自由の国際通念に基づいて処理する」としました。どうせこの問題で譲歩をしても、李承晩ラインと抑留漁船員で李承晩から見返りがありそうもないと判断したということでもありました。

北への帰還事業は、1959年の2月13日に閣議了解されましたが、これに抗議して韓国側は日韓交渉打ち切りを宣言。その後、アメリカの説得で再開をいったん了承しますが、6月10日に日本と北朝鮮が北送で合意すると、韓国は日韓経済断交を宣言しました。

しかし、7月になると韓国はまたもや柔軟姿勢に転じます。アメリカの説得もありましたが、断交によって韓国内で硫黄が暴騰したことも大きかったようです。にもかかわらず、8月の交渉では一転。在日韓国人を引き取ることは、お土産をつけてお金を持って帰ってくれるなら歓迎だから日本が金を出せ、と韓国が提案。結局、拒否される始末でした。

さらに、抑留漁船員を人質に、「米を輸入しろ」というようなゆすりまで展開。情けないことに、日本側はやむなくこれを呑んで米を緊急輸入したのです。

●第5次会談：1960年10月25日～1961年5月15日

1960年4月19日には韓国で「四月革命」(同年3月に行われた大統領選挙における大規模な不正選挙に反発した市民や学生よる民衆デモ)が発生し、4月26日に李承晩は大統領を辞任します。それを受けて、1960年8月に成立した張勉政権は日韓正常化を掲げ、また、日本人新聞記者や商社員の入国を認めました。

この年の7月には、日本では池田勇人内閣が発足します。経済派の池田は、財政負担になる韓国との交渉にあまり乗り気でなかったのですが、小坂善太郎外相がことのほか熱心で、韓国を訪問して大歓迎されました。小坂自身は、「韓国の経済を支援することが最大の共産主義への防御策だ」という信念を持っていたようです。

ここへ来て、外務省も過去の償いということでなく、経済協力の一環ということで、長期借款ならいいのではないかということで方向転換を始め、内部での検討が始まっていま す。また、現金での供与でなくプラントや機械でというプランもありました。

1960年11月10日から開かれた一般請求権小委員会では、韓国側からいわゆる「八項目」の要求がありました。以下、列記します。

①朝鮮銀行を通じて搬出された地金と地銀

②日本政府の対朝鮮総督府債務

③戦後、韓国から振替又は送金された金員

④韓国に本社、本店又は主たる事務所があった法人の在日財産

⑤韓国法人、韓国人の日本又は日本人に対する日本国債、公債、日本銀行券、被徴用韓人の未収金、補償金及びその他の請求権の弁済を請求する（この中に被徴用韓人未収金、戦争による被徴用者の被害に対する補償、韓国人の対日本政府請求恩給などがあります

⑥韓国人の日本政府又は日本人に対する権利の行使

⑦前期諸財産又は請求権から生じた諸果実

⑧返還及び決済は協定成立後即時開始し、遅くとも6カ月以内に終了すること

（参考）１９６６年3月10日発行「時の法令別冊『日韓条約と国内法の解説』」（甲斐、谷田外務事務官、法務省入国管理局辰巳参事官、農林省武智農林事務官編集、大蔵省印刷局発行）及び国会の答弁の記録等から外部に明らかにされている内容

このうち、徴用工については、第５次日韓全面会談予備会談の一般請求権小委員会の第13回会合（１９６０年10月）に北東アジア課でやりとりが行われています。

ここで韓国側は「強制的に動員し、精神的、肉体的苦痛を与えたことに対し相当の補償を要求することは当然」としたのに対して、日本側は「当時は日本人として徴用されたわけで、日本人に対してと同等の援護措置をとってほしいということか」と尋ねたところ、韓国側は「新しい立場で要求している。日本人が日本人として戦争のために徴用されることとは別の話で、全く強制的に動員され、又非常に虐待をうけたのであるからその意味で考え方を変えて理解していただきたい」としました。

日本側から「個人に対して支払つて欲しいのか」と聞くと、**韓国側は「国として請求して、国内での支払は国内措置として必要な範囲でとる」と答えています**。さらに、日本側から「できるだけのことはしたいのだが、韓国側で具体的な調査をして、日本側とつき合わせをする用意があるか」と尋ねたところ、韓国側は「この会議と直接関係がない。それ

は韓国側の国内措置でやるべき問題だ」と答えています。

日本側は「未収金は払うべきであり、払い得る措置がとられている。日本側でも債務として支払の準備をしているので、韓国側でもあつせんして調査をして貰いたい。本人の手に渡らないようでは意味がない」と述べたのですが、韓国側は「韓国政府につかみ金で渡してほしいし、後は任せてほしい」といったわけです。

日本側は積み上げていけば、どうせたいした金額にならないだろうという思惑があり、韓国も内実は同様に考えていたと言うことでしょう。

そして、無償援助は3億ドルという輪郭が見えてきたのですが、1961年5月16日、韓国で朴正煕らが「5・16軍事クーデター」を起こし、日韓会談は中断されます。

【第6次会談：1961年10月20日～1964年12月2日】

朴正煕は、クーデターの実質上の指導者でしたが、名目上、当初は国家再建会議副議長でした。日韓会談には前向きで、「日本は過去を謝罪しそれ以上の誠意で会議に臨めというのは時代遅れ」であり、「過去は水に流して国交正常化を」と呼びかけました。

しかし池田首相は、軍事政権との前のめりの交渉により、世論から批判されることを心配し慎重でした。これは当然の判断でしょう。すると、岸信介、石井光次郎《みつじろう》といった「親韓派」の政治家が圧力をかけ、また、アメリカのジョン・F・ケネディ大統領は日米首脳会談でも、日本に思い切った譲歩を求めました。

この時には、日本側は関西財界の大物で吉田松陰の兄の孫である杉道助《すぎみちすけ》が首席代表となり、韓国側は元韓国銀行総裁のペー・ウイホワンが首席代表という経済人同士の交渉でした。杉は河野一郎の推薦でしたが、これは日韓会談消極派の河野の支持取り付けを狙ったものでした。ちなみに、杉家は大内氏の末裔《まつえい》とされますが、大内氏は百済王家の末裔です。

ここで、韓国側は希望を8億ドルと大きく増額し、また、「個人補償は別である」などと言い出しましたが、これは、日本側が「5000万ドルあたり」という方針だったのに対抗するためのもので、会談で韓国側は、実務的に金額の積み上げ根拠を説明するなど前向きな態度でした。

そして、金鍾泌《キムジョンピル》KCIA（Korea Central Intelligence Agency）長官が来日して、4億ドルという数字が出され、賠償的なものでないことで合意しました。さらに、11月12日には米国訪問の途中に朴正煕（当時は議長）が訪日して日米首脳会談が行われました。この時のお膳立てに活躍したのが、ライシャワー駐日米国大使でした。

しかし、交渉は実務者同士になると原則論に戻り、日本政府部内でも、外務省は700万ドル、大蔵省は1600万ドルと試算したり、小坂外相が日本資産を放棄したのを考慮すべきだと主張したり、韓国側は「賠償だ」と蒸し返したりと、膠着してしまいます。

それを一気に打開したのが、1962年7月の大平正芳《まさよし》の外相就任です。大平は大蔵省出身だったので、数字は自分で精査して決めると宣言したのです。

こうして、交渉は一段と進展が見られました。引き続き日韓双方は、この問題について慎重な検討を行い、また予備交渉の席上種々意見の交換を行ったところ、1962年末までにほぼ次の線で大筋の意見の一致をみたのです。主な内容は以下のとおりです。

(イ)(a)日本は韓国に対し、無償の経済協力として総額三億ドルを供与し、毎年三、〇〇〇万ドルずつを十年間にわたり日本国の生産物および日本人の役務によって行う。わが国の財政事情によってはくりあげて実施することができる。

(b)日本は韓国に対し、長期低利借款として総額二億ドルを供与し、十年間にわたり海外経済協力基金によって行われる。借款の条件は年利率三・五パーセント、償還期間二〇年程度、うち据置期間七年程度とする。

(c)日本から韓国に対し、相当多額の通常の民間の信用供与が期待される。

（ロ）　前記の無償、有償の経済協力の供与の随伴的な結果として、平和条約第四条に基づく請求権の問題も同時に解決し、この問題はもはや存在しなくなることを双方は確認する。

なお、このほか、韓国側は貿易上の債務4573万ドルを、一定期間内に償還することが了解されています。

大平外相はこの交渉で、合理的には大甘な算定でも7000万ドルとし、賠償として払ったうち最大が、フィリピンへの年に2500万ドルと説明し、**年2500万ドルで3億ドルを12年の支払いが限度というようなやりとりもしました。**

そして、この日本側の大盤振る舞いについて日本国内への説明として、次のような考え方を当時の「外交青書」は書いています。

「請求権問題については、交渉過程を通じ、法的根拠の有無について日韓双方の見解に大きな相違があったほか、事実関係においても戦後十数年を経過し、とくに朝鮮動乱を経てきた現在では、これを正確に立証することはきわめて困難であるので、請求権問題を請求権という実体に即して解決することは不可能に近い」「近時世界においては、旧宗主国は、新独立国に対してその独立以前から独立に備えるため、また独立後もその発展のため、各種の形で援助を与えるのが通例となりつつあり、また、旧宗主国という関係がなくとも先進国が後進国に経済援助を与えていることを考えれば、地理的にわが国から最も近い隣国の韓国に対し、法律論に終始する冷淡な態度をとることは好ましくない」。「韓国は、わが国の敗戦により、不幸にして南北に分断されただけでなく、その後朝鮮動乱が勃発し、国土に莫大な被害をこうむっており、これをわが国の繁栄に比べれば経済的に困難が多い現状にあることに対しては、わが国は、理解と同情をもって臨むのが当然」

要約すれば、以上のような観点から、法律論としては払う必要はないが、大局的な見地から大盤振る舞いしたことの弁解になるでしょう。

日本人は韓国に対して堂々と構えていればいい

こうして協定がまとまったのですが、日韓両国内において猛烈な反対に遭います。日本では、1963年に野坂参三が政府は植民地支配について反省が足りないというような批判を始めましたが、一方で社会党が「そんな金があるなら石炭問題の解決に使え」ともするなど、破格の援助をまっとうな金額の積み上げなく行うことへの反発は強烈でした。

また、韓国では政権を揺るがすような大反対運動が繰り広げられました。

1963年10月には、朴正熙が大統領に当選しましたが、得票差は僅差で、1964年6月3日には、日韓条約反対デモが警察を占領する「六・三事態」が発生し、戒厳令が出され、交渉も凍結されました。

この間、日本側では大平正芳に代わって椎名悦三郎が外相に就任します。商工省時代や満洲でも岸信介の側近であり、親韓派として知られ、かつ、能吏《のうり》（政治的、行政的手腕に優れた人物のこと）であるのに「おとぼけ」が得意とされるキャラクターはこじれた日韓問題を解決するには最適でした。さらに、1964年10月には佐藤栄作が首相となっても、椎名は留任しました。韓国側では、外相に李東元《イドンウォン》が、駐日大使に金東祚《キムドンジョ》が就任しました（このふたりの回顧録がいずれも日本語でも出版されています）。そして、椎名外相は李東元の求めに応じて訪韓します。かなり身の危険を伴う訪問だったのですが、この行動は韓国人のプライドを非常に満足させましたし、椎名は「両国間の永い歴史の中に、不幸な期間があったことは誠に遺憾な次第でありまして、深く反省する」とまで述べました。

この頃、日本側は合意を「条約」とする要求を呑みました。国会批准が必要になるので躊躇しましたが、結果的には条約にしておいたので、現在、日本側として韓国側の違反を咎められているのだから結果論ではありますが、よかったと言えるでしょう。

また、歴史認識問題や竹島（独島）の帰属問題は「解決せざるをもって、解決したとみなす」で知られる丁《チョン》（一権《イルグォン》）・河野密約により棚上げとなり、条約の締結に至りました。この時、河野の密使として活躍したのがのちの宇野宗佑《そうすけ》首相であることは有名です。

●第7次会談：1964年12月3日～1965年6月22日

1965年4月3日、東京において「日韓間の漁業に関する合意事項」、「在日韓国人の法的地位及び待遇に関する合意事項」、「日韓間の請求権問題の解決ならびに経済協力に関する合意事項」のイニシアル（仮合意）が行われました。

そして、6月22日、内閣総理大臣官邸において、佐藤栄作首相臨席の下に、椎名悦三郎外務大臣、李東元外務部長官らが条約に調印しました。

その後、両国において批准のための国内手続と国内法令の整備も進められ、12月18日には韓国の首府ソウルの中央庁において批准書交換式典が挙行されました。

以上の会談をもって、日韓基本条約はついに締結されました。この条約を韓国が破棄するというのならば、それは大いに結構。**「やれるものならやってみろ」**と日本人は堂々と構えていればいいです。

おわりに

日韓両国民の気持ちをひとつに

「日韓基本条約」と「請求権協定」は、日本に有利で軌道修正が必要だというのが、韓国側の言い分のようです。文在寅大統領は、それを前提に大法院長官に自分の陣営の息のかかった人物を任命して条約を踏みにじる判決を出させました。

たしかに、各種事典などを見ると、「日韓双方で強い反対運動があった」という記述もあり、韓国側の主張ももっともだという気持ちになります。

しかし、当時の日本は李承晩ラインで拿捕された漁船民を人質に取られて、かなり悔しい思いで調印したというのが、中学生だった私の記憶です。

歴史について極端に執拗で恨みを膨らませていく韓国人と、良いことにも悪いことにも忘れっぽい日本人とは好対照です。本書は、お人好しの日本人のために、日韓で何が議論され、日本側がいかに譲歩して現在の関係があるかを理解してもらうために書きました。

どこの国でも、国民に歴史を教える時には、先祖たちが何を主張してきたか、これから何を主張すべきか、国民の共通意識とすることを目指します。ところが、戦後の日本では、そういう意識が欠如してきました。歴史は学会のボスたちの左翼的な思想信条によって書かれ、日本政府が何を主張してきたかを教えようともしません。

さらに不幸なことに、過去の問題について、日本政府自身が自分たちの認識をきちんと整理すらしていないのです。また、日韓問題では、日本の専門家のほとんどは、日本でなく北朝鮮や韓国の左派勢力の肩を持っています。しかも、日本で韓国語ができる人のほとんどは在日系の人たちだという特殊事情まであります。

これでは、「韓国は卓袱台返しをする気か」と怒るだけで、「それなら日本側も交渉の出発点に立ち返って言いたいことがある」と反撃することすらできません。そこで、私なりに議論を整理してみたのが本書です。

さて、理想の日韓関係はどういうものなのでしょうか。米中二大国という横綱に挟まれたアジア諸国は歩調を合わせ、覇権主義を否定しつつ、人権・民主主義・市場経済が尊重されるように協力していきたいものです。その時に、大関である日本と関脇くらいの韓国は、仲のいい兄弟のように協力していくべきでしょう。

ですが、現実をみると、韓国では大統領が代わるごとに「日本は土下座して謝れ」と言ってきます。これではやっていられません。歴史認識については、韓国はもう少し冷静になってほしいと願います。私自身は「日本は申し訳ないなどと思う必要は何もない」とまで勇ましくは言いませんが、第三国の人が聞いて、「日本側は理に適《かな》っている」と思ってもらえるような主張をしっかりしたいと思います。

「どうせ、韓国人に何を言っても納得してくれないでしょう」と諦めないで、第三国の人たちにも日本のほうに分があると丁寧に説明すれば、少しはマイルドになってくれると期待したいものです。韓国も同じような態度で客観性のある主張をしてくれれば対話が徐々に成立していくと思いますし、将来において、共通認識も生まれてくるでしょう。

くれぐれも、慌てて「共通教科書をつくる」などと欲張るべきではありません。フランスとドイツの間ではそういう歩調も合わせていますが、それは、ドイツだけでなくフランスも大きく譲った上での、とても長い時間をかけての成果なのです。

1990年代のはじめの東西ドイツ統一とEU発足の時代に、私がパリに駐在していた折、私は南北統一と日韓関係の将来の在り方の参考にすることも念頭に観察しました。帰国後は当時の通商産業省で半島問題の責任者だったこともあり、少し自信を持って論じられるテーマなのです。

それから、私が日韓両国民に提案したいのは、**「自分たちの国の過去でなく、現在を誇るべきだ」ということです**。

日本も韓国も世界にあって得ている名声は、近現代の成功に起因します。明治維新と戦後の高度成長、漢江の奇跡と民主主義の定着は世界史的な偉業です。ただし、それ以前の歴史については、中国と比べて世界史的な重要性を持っているわけではありません。

ところが、日韓両国とも近年の成功を誇るより、もともと立派な国だったというほうに注力しがちで、それぞれが過去に受けた迷惑や施した恩恵を語るのに熱心です。

日本人でも韓国人でも成功者は「自家が没落名家だった」と言いたがるのですが、それは決して いい趣味ではありません。

互いに近代の成功者であること、極東地域を世界でもっとも繁栄したセンターに協力して押し上げた仲間であることを誇るのにもっと熱心になれば、**日韓両国民の気持ちはひとつになると私は強く思うのです**。

２０１９年10月吉日　歴史家・国際問題評論家　八幡和郎

ありがとう、「反日国家」韓国
文在寅は日本にとって〝最高の大統領〟である！

著者　**八幡和郎**（やわた かずお）

2019年 11月10日　初版発行
2019年 12月10日　2版発行

八幡 和郎

歴史家・国際問題評論家

滋賀県大津市出身。東京大学法学部を卒業後、1975年通商産業省（現・経済産業省）入省。入省後、フランス国立行政学院（ENA）留学。通商政策局北西アジア課長、大臣官房情報管理課長、国土庁官房参与官などを歴任し、1997年退官。2004年より徳島文理大学教授、国士舘大学大学院客員教授。『朝まで生テレビ！』『バイキング』など多くのメディアに出演。著書に『お世継ぎ』（文春新書）、『世界の王室 うんちく大全』（平凡社新書）、『日本と世界がわかる最強の日本史』（扶桑社新書）、『捏造だらけの韓国史』『令和日本史記』（小社刊）など多数。

装　丁　紙のソムリエ
校　正　大熊真一（編集室ロスタイム）
構　成　中野克哉
編　集　岩尾雅彦（ワニブックス）

発行者　横内正昭
編集人　岩尾雅彦
発行所　株式会社ワニブックス
〒150-8482
東京都渋谷区恵比寿4-4-9 えびす大黒ビル
電話　03-5449-2711（代表）
03-5449-2716（編集部）
ワニブックスHP　http://www.wani.co.jp/
WANI BOOKOUT　http://www.wanibookout.com/

印刷所　株式会社 美松堂
ＤＴＰ　株式会社 三協美術
製本所　ナショナル製本

定価はカバーに表示してあります。

ISBN 978-4-8470-9853-6